O RISO

O livro é a porta que se abre para a realização do homem.

Jair Lot Vieira

HENRI BERGSON

O RISO
ENSAIO SOBRE O SIGNIFICADO DO CÔMICO

Tradução e notas
MARIA ADRIANA CAMARGO CAPPELLO
Graduada em Filosofia pela Universidade de São Paulo, é professora associada e orientadora no Programa de Pós-Graduação do Departamento de Filosofia da Universidade Federal do Paraná. É pesquisadora na área da História da Filosofia Moderna e Contemporânea, com foco na temporalidade, consciência e liberdade a partir da abordagem crítica e metafísica do pensamento de Bergson.

Introdução
DÉBORA CRISTINA MORATO PINTO
Doutora em Filosofia pela Universidade de São Paulo, professora associada do Departamento de Filosofia da Universidade Federal de São Carlos. Pesquisadora na área de Filosofia Contemporânea com foco na obra de Henri Bergson. Pesquisadora do CNPq.

Copyright da tradução e desta edição © 2018 by Edipro Edições Profissionais Ltda.
Título original: *Le Rire*. Publicado originalmente na França em 1900. Traduzido a partir da 23ª edição (1924). Todos os direitos reservados. Nenhuma parte deste livro poderá ser reproduzida ou transmitida de qualquer forma ou por quaisquer meios, eletrônicos ou mecânicos, incluindo fotocópia, gravação ou qualquer sistema de armazenamento e recuperação de informações, sem permissão por escrito do editor.

Grafia conforme o novo Acordo Ortográfico da Língua Portuguesa.

1ª edição, 1ª reimpressão 2021.

Editores: Jair Lot Vieira e Maíra Lot Vieira Micales
Coordenação editorial: Fernanda Godoy Tarcinalli
Tradução e notas: Maria Adriana Camargo Cappello
Produção editorial: Carla Bitelli
Assistente editorial: Thiago Santos
Edição de texto: Marta Almeida de Sá
Preparação: Daniel Rodrigues Aurélio
Revisão: Luiz Pereira
Editoração eletrônica: Estúdio Design do Livro
Capa: Paulo Damasceno

Dados Internacionais de Catalogação na Publicação (CIP)
(Câmara Brasileira do Livro, SP, Brasil)

Bergson, Henri, 1859-1941.

    O riso: Ensaio sobre o significado do cômico / Henri Bergson; tradução e notas de Maria Adriana Camargo Cappello; introdução de Débora Cristina Morato Pinto. – São Paulo: Edipro, 2018.

    Título original: *Le Rire*.
    ISBN 978-85-521-0025-6 (impresso)
    ISBN 978-85-5660-007-9 (e-pub)

    1. Filosofia 2. Riso 3. Comédia I. Cappello, Maria Adriana Camargo II. Pinto, Débora Cristina Morato. III. Título.

18-13073   CDD-808.7

Índice para catálogo sistemático:
1. Riso : Literatura : 808.7

São Paulo: (11) 3107-7050 • Bauru: (14) 3234-4121
www.edipro.com.br • edipro@edipro.com.br
@editoraedipro   @editoraedipro

SUMÁRIO

Introdução, *por Débora Cristina Morato Pinto* 7

Prefácio *34*

Capítulo I:
Do cômico em geral – O cômico das formas e o
cômico dos movimentos – Força de expansão do cômico *37*

Capítulo II:
O cômico de situação e o cômico das palavras *65*

Capítulo III:
O cômico de caráter *95*

Apêndice à 23ª edição (1924):
Sobre a definição do cômico
e sobre o método a seguir neste livro *125*

INTRODUÇÃO

O leitor tem em suas mãos a tradução de um livro constituído por três ensaios publicados por Henri Bergson na *Revue de Paris* no ano de 1899. Como o filósofo expõe em seu "Prefácio", ele decidiu apenas reuni-los em um único volume sem acrescentar novas análises sobre o tema. Publicado como livro em 1900, o que significa quatro anos depois de *Matéria e memória*, *O Riso* se dedica a um problema que entrelaça psicologia, estética e moral – a fantasia cômica. Nesse sentido, suas páginas contêm reflexões transversais aos quatro grandes eixos temáticos eleitos como centro do corpo teórico da filosofia bergsoniana, a saber, a liberdade, o dualismo mente/corpo, a vida e as fontes da moral e da religião. Bergson afirma, de resto, que decidiu não explorar nem desenvolver as críticas às teorias "anteriores" sobre o riso, que são na verdade brevemente sugeridas nos exames de exemplos que estruturam o trajeto dos ensaios, porque não desejava construir um volume amplo demais a respeito de um tema que não tem a mesma importância que os outros aos quais dedicou sua reflexão. No entanto, ao percorrer as análises sobre a fabricação do riso, sua função social, as formas do cômico, a lógica da imaginação, a especificidade da comédia face ao drama, enfim, sobre a arte e sua relação com a vida, evidencia-se paulatinamente a ligação estreita e frutífera entre tais objetos e o âmago da filosofia da duração.

O Riso apresenta – eis o que nos interessa defender – um valor inestimável para a tentativa de alcançar a estruturação temporal dessa filosofia. Para além dessa evidência, a maneira pela qual Bergson trata do cômico é marcada por uma originalidade e por uma profundidade que projetam o livro para diversas confrontações no terreno próprio da Estética. Citamos assim duas razões para conferir a esse volume a importância que lhe é devida, e poderíamos apontar várias outras. Nas considerações que se seguem a título de introdução ao texto, buscamos expor aspectos das três obras de Bergson que surgiram no período que gravita em torno de 1900 (o *Ensaio sobre os dados imediatos da consciência*, de 1889; *Matéria e memória*, de 1896; e *A evolução criadora*, de 1907), ou seja, desenvolvimentos teóricos que podem facilitar a compreensão da análise levada a cabo neste livro ainda pouco debatido que é *O Riso*. Além dessa vertente, também tentamos mostrar em que medida sua teorização sobre a arte da comédia constitui precioso material para estudos posteriores que busquem situá-la e confrontá-la face aos autores (e seus livros) anteriores e posteriores a Bergson e que são geralmente classificados como "teóricos da arte".

DURAÇÃO, INTUIÇÃO E VIDA: NAS ANTÍPODAS DO ESPAÇO E DA MATÉRIA

Uma das maneiras expressivas de caracterizar o pensamento de Bergson, para além da eleição da noção-chave de duração, consiste em falar numa *filosofia do movimento*. O aporte crítico carregado por esse projeto impacta os leitores de sua obra desde as primeiras linhas: fazer do movente o centro do pensamento implica procurar algo que a racionalidade inexoravelmente perde, exige desconstruir imobilidades artificiais constitutivas da nossa maneira natural de pensar. A intuição da duração, gesto teórico maior do bergsonismo, é assim um embate constante entre movimento e imobilidade, entre o dinâmico e o estático. A constatação de que aquilo que naturalmente configura nossa relação com o mundo e estrutura nossas ações – o corpo, a inteligência e a linguagem – mascara inevitavelmente a essência do real dirige o esforço filosófico para o reencontro com a mobilidade no fundo dos fenômenos, tanto no âmbito da nossa experiência consciente, quanto na vida, na matéria e na sociedade. Para tanto, é necessário distinguir, nos diversos níveis da realidade, duas tendências que se misturam a despeito de sua diferença: a *duração* que é qualidade, continuidade e mobilidade; e a *extensão,* que tende ao homogêneo, à inércia e à justaposição de partes no espaço. Caberá então à intuição da duração retomar o que a inteligência negligencia, via ocultamento e descaracterização. A vida e o conhecimento natural buscam, essencialmente, a estabilidade própria à espacialização do tempo, e perdem de vista o movimento. A filosofia, por suas intenções metafísicas, necessita achar o modo de desfazer o trabalho realizado segundo as necessidades naturais para promover o contato e o conhecimento efetivo do real, das coisas em si mesmas, que são, em quaisquer circunstâncias, ritmos e modulações do tempo – em uma palavra, *mobilidade.*

Os temas sucessivamente abordados por Bergson – a liberdade, o dualismo mente/corpo, a vida e a moral – são reconduzidos a sua compreensão *sub species durationis*, e emergem de um solo crítico dirigido às posições cristalizadas na história do pensamento. De uma maneira geral, podemos dizer que o filósofo busca meios e alternativas viáveis para responder à seguinte questão: como se apresenta determinado fenômeno se dele retirarmos as categorias exteriores e espaciais a partir das quais naturalmente o enquadramos? Ou, numa formulação cara ao filósofo, o que há de real sob o véu de ideias que cobre tudo o que apreendemos enquanto seres intelectuais?

Tais questões presidem as duas primeiras análises de envergadura que tomam nossa experiência consciente como objeto, através das quais o *Ensaio sobre os dados imediatos da consciência* e *Matéria e memória* pretendem desenhar uma nova posição (e assim encaminhar a solução), respectivamente, do problema da liberdade e do problema do dualismo. Em nome das necessidades vitais, o contato que estabelecemos com nossa própria interioridade é indireto, e a maneira pela qual decodificamos nossos estados de consciência os desdobra num espaço ideal. Essa ação teórica geral consolida-se numa explicação de índole associacionista. Os processos conscientes, tomados nessa chave de leitura como solo da teoria do conhecimento de índole empirista, bem como operando silenciosamente nos autores racionalistas, são explicados, pelo senso comum que se prolonga em ciência e em ontologia, como associação de partes exteriores entre si, fazendo como que sua dinamicidade, sua coesão e sua duração sejam perdidas. Do mesmo modo, realismo e idealismo incorporam os pressupostos objetivistas, de base espacial, ao descrever os processos de representação, oferecendo-nos uma imagem da vida mental que oculta seus aspectos essenciais, que perde de vista sua duração.

Bergson já avançou consideravelmente, no ano em que publica *O Riso*, o desenvolvimento de seu método, a intuição, dadas as características encontradas pela apreensão do objeto próprio à filosofia, o tempo real ou a duração. Está em gestação, naquele momento, a potente interpretação da evolução vital elaborada em *A evolução criadora* – a obra em que se defende e se fundamenta a identificação entre o vital e o temporal. Como fenômeno da ordem da duração, a vida não pode ser apreendida pelo conhecimento intelectual, pelo menos não sem uma crítica de base e sem a "orientação" própria que a intuição lhe proporciona. Se o cômico, na sua variedade de manifestações, é então aproximado do vivo, ele está de imediato submetido a uma exigência metódica inelutável: evitar as definições fixas ou os conceitos determinados, e buscar seguir o fenômeno em sua temporalidade própria. Com efeito, o *Ensaio sobre os dados imediatos da consciência* fez emergir, à luz da crítica da conceitualização tradicional sobre o tempo, a verdadeira duração psicológica, como uma *heterogeneidade* qualitativa em constante transformação, uma *totalidade* de interpenetração que se nos apresenta numa experiência especial, porque profunda. Como pura *dinamicidade*, a duração não se deixa capturar pela linguagem, pelas representações comuns e científicas, enfim, por conceitos racionais, que buscam enumerar propriedades cuja mera justaposição ofereceria a essência própria daquilo que conceituam.

Esse é o solo do qual brota um método filosófico inovador, mobilizando potências complementares ao entendimento humano para atingir os objetos em si mesmos, o que significa como figuras da duração ou planos do *espiritual*. Ainda bastante incipiente na obra inaugural, a intuição recebe uma primeira e tímida descrição no livro seguinte, *Matéria e memória*. Essa descrição resume uma ação teórica frequente nas análises da percepção e da memória empreendidas ao longo do livro: a tentativa de olhar e seguir os fatos sem que prejuízos teóricos interfiram na sua apreensão. Bergson reitera ali que se trata, em filosofia, de examinar os fatos sem *parti-pris*, e receber assim as *sugestões* que eles nos oferecem. Se tudo o que recai sob o código de nossa interpretação prática e natural, que denominamos fatos ou conjunto de fatos, já é uma interpretação ou uma construção, o solo empírico da filosofia está encoberto e cabe então descobri-lo. É por isso que o uso ordinário da noção de "fatos" indica algo que não se identifica à "realidade tal como ela apareceria a uma intuição imediata",[1] já que a noção expressa simplesmente a adaptação do real aos interesses práticos. A intuição tem uma base concreta, nunca se afasta dos exemplos, dos dados, das condições reais de nossa experiência, precisamente porque deve ultrapassar os fatos e encontrar a visão pura do real, que é sempre a de uma continuidade indivisa e dinâmica, enquanto que os fatos são recortes determinados nesse todo em constante transformação.

Passar de uma visão estática e recortada do real à apreensão da totalidade dinâmica e qualitativa que ele é – eis o trabalho da intuição. Por essa descrição, Bergson nos introduz a uma das dificuldades maiores de sua filosofia: enfrentar e seguir o jogo que se estabelece entre os diversos níveis da experiência, cujos limites são a profundidade da emoção criadora (visão

---

1. Bergson, H. *Matéria e memória*. São Paulo: Martins Fontes, 1999, p. 213.

direta da duração) e a superficialidade do recorte prático que nos oferece vistas parciais do real desdobradas em uma forma espacial. A experiência humana não se efetiva sem esse recorte, mas em sua integralidade transborda a justaposição de partes desdobradas no espaço: tomada em sua fonte, a experiência ultrapassa a imagem do real construída pelo interesse prático. Quando a ciência procura determinar as leis gerais de todo e qualquer objeto prolongando esse procedimento legítimo na *práxis* vital, ela se prolonga sem querer em ontologia. Quando a filosofia adota o mesmo procedimento, ela erra, e os limites da especulação se estabelecem pela própria impotência da razão nesse âmbito. O que queremos enfatizar aqui é a constatação de que, quanto mais um objeto de investigação se aproxima, por sua natureza, da duração ou do espírito, mais a experiência superficial deve dar lugar à intuição – de onde a importância capital da afirmação, situada no início d'*O Riso*, pela qual Bergson justifica sua intenção de debruçar-se sobre a fantasia cômica de maneira inovadora: trata-se de não pretender encerrá-la "em uma definição. Vemos nela, antes de tudo, algo de vivo".[2]

A intuição é também caracterizada como visão imediata ou conhecimento interior do objeto que atinge o que ele tem de íntimo e singular, sua essência, e o faz de maneira absoluta. Ela se opõe ao procedimento de base racional, a análise, e aos elementos que a inteligência manuseia ao tentar recompor o real por meio de pontos de vista dele extraídos – as representações. O novo método em filosofia é, antes de tudo, uma experiência, em que os limites de nossa percepção usual do mundo e seu prolongamento em representações, ideias e conhecimento são superados. Mas essa experiência exige um esforço penoso, muitas vezes referido pelo filósofo como uma torção, um salto, um risco, porque antinatural e efetivado num ambiente movente e profundo.

Ocorre que tal esforço não se dá aleatoriamente: não saltamos no escuro. Em cada tema tomado como objeto de reflexão em que inteligência e intuição se complementam, um ato ou impulso de composição ou síntese se apoia sobre um conjunto de dados, imagens, documentos, enfim, sobre *exemplos concretos*. A consciência intuitiva só pode alcançar o todo da duração, de âmbito espiritual, a partir da *camaradagem* com suas expressões concretas e materializadas, no terreno misto que é o mundo em que vivemos. Como uma espécie de simpatia espiritual, a visão especial da duração

---

2. Bergson, H. *O Riso* (presente edição), p. 37.

só se efetiva por meio do contato frequente com o material empírico. Face a essa caracterização da intuição, emerge uma das mais notáveis dimensões da teoria do cômico elaborada por Bergson: como performance paradigmática do conhecimento intuitivo, ela progride modelada pelo contato com as imagens risíveis, em consonância com os vários efeitos cômicos, ordinários e teatrais. Essa característica torna *O Riso* um livro que, a despeito das dificuldades de seu tema e do tratamento eminentemente filosófico que lhe é conferido, nos oferece uma leitura prazerosa e fluida, como se Bergson atingisse seu leitor na medida em que sua sensibilidade, sua imaginação e sua inteligência são igualmente mobilizadas. O filósofo encontra aqui um modo feliz de explicitar as metamorfoses da fantasia cômica, exibindo-a "sob nossos olhos" e promovendo assim um tipo de conhecimento a um só tempo prático e íntimo, "como aquele que nasce de uma longa camaradagem".[3] Em outras ocasiões, o material da ciência desempenha esse papel de oferecer à filosofia o ambiente empírico com o qual ela estabelece uma relação de confiança, as manifestações superficiais da dimensão do real cujo fundo se trata de fazer emergir. Assim é o caso do cômico, e o material empírico é algo que por si só nos diverte. O percurso dos três ensaios que se seguem ilustra, em suma, uma aplicação muito especial dessa espécie de regra, na medida em que Bergson realiza um movimento contínuo de vai e vem entre os exemplos de fantasias cômicas (na vida comum e nas obras de arte) e as definições sutis que expressam o seu sentido, todas convergentes com a fórmula geral: "o mecânico sobreposto ao vivo".

O RISO E O CÔMICO À LUZ DA DURAÇÃO

Aprofundemos um pouco a consideração da originalidade da proposta, tal como o próprio filósofo faz questão de enfatizar: tratar o cômico, elemento presente em uma imensa variedade de produções humanas que possuem a propriedade de nos fazer rir, como *alguma coisa que vive*, isto é, como algo da ordem do tempo. Um fenômeno dessa ordem é sempre uma transformação progressiva de manifestações que expressam a unidade de um todo, de uma essência que só se realiza na medida em que muda. O papel da análise filosófica é buscar a *tonalidade específica* que atravessa os efeitos concretos em seu desdobramento contínuo – na filosofia de Bergson, a essência é uma

---

3. *O Riso, op. cit.*, p. 37.

forma *imanente* ao conteúdo em duração. No caso da fabricação do riso, ao filósofo é imperativo seguir as imagens através das quais o cômico *desliza*, e as formulações oferecidas pelos três ensaios são fruto de observações diretas das situações e das obras que tem a potência de nos fazer rir. Do humor grosseiro à alta comédia, há um fio contínuo que deve ser seguido, e que revelará, se o movimento de análise for adequadamente conduzido, *a significação do cômico* – tal como indica o subtítulo dado ao livro. Eis um dos pontos fortes do *crescendo* que o livro projeta: a rigidez do corpo e a distração do espírito são formas originárias do cômico e permitem, ao seguirmos direções nelas indicadas, cotejar as fórmulas conceituais e as explicações descritivas sugeridas com os exemplos da arte da comédia, passar das situações primitivas às elaborações derivadas e atingir, finalmente, o elemento cômico puro, definido por Bergson como *a vaidade*.

Como procede o filósofo? Quais são as condições de possibilidade para uma análise desse tipo? Há dois fatores importantes que dificultam a proposta do livro. Em primeiro lugar, o riso é um processo psicológico, em que corpo e mente se articulam de determinada maneira em reação a situações ou estímulos variados, dos mais rasteiros aos mais sofisticados. Eis o ponto: nessa articulação, uma dimensão da vida consciente assume o protagonismo, a imaginação. Ora, não há na obra de Bergson uma teoria da imaginação à parte das suas análises psicológicas centradas na sensibilidade. O processo de recepção, formação e projeção de imagens é tema de *Matéria e memória* e, se existe um elemento que responde pelo corte nítido entre a organização de representações no modo inteligente e no modo imaginativo, o filósofo não nos deu muitas pistas para encontrá-lo. Entre as poucas elaborações teóricas frutíferas para essa compreensão, está, cabe dizer, seu pequeno ensaio sobre o sonho, derivado do segundo livro.[4] Recebem importância especial, dada essa referência, as passagens em

---

4. Na coletânea intitulada *A energia espiritual*, Bergson reúne alguns pequenos ensaios que exploram consequências da teoria psicológica geral elaborada em *Matéria e memória*. O sonho é um dos temas, e o filósofo aponta a capacidade que esse estado possui de recuperar impressões subjetivas que comumente passam despercebidas. Trata-se de um fenômeno psicológico de certa forma liberado do ajuste preciso determinado na vigília: "O eu que sonha é um eu distraído, que relaxa" (Bergson, H., *A energia espiritual*. São Paulo: Martins Fontes, 2009, p. 107). O sonho é um processo psicológico que tem uma estruturação própria, reveladora e relevante. Eis a razão pela qual sua aproximação com a imaginação deve ser explorada.

que a lógica da imaginação é aproximada, senão identificada, à lógica do sonho. *O Riso*, nesse âmbito, desempenha um papel mais relevante do que seu tema permitiria supor – ele acrescenta explicações complementares à teoria psicológica da memória, base da teoria do conhecimento no sentido especial que Bergson lhe conferirá. Assim, se parte das teses que conduzem a abordagem do cômico depende da referência e da retomada da noção de atenção à vida, cujo papel é crucial para o estudo das relações entre espírito e corpo, a análise do riso oferece-nos vários aspectos sobre o funcionamento da imaginação.

O segundo fator de dificuldade para a leitura do livro é vizinho da questão da imaginação: Bergson delineia nesse trajeto elementos sobre uma filosofia da arte, ou desenvolve considerações que promovem a análise da sensibilidade ao estatuto de uma estética. Aqui, também, os principais livros do filósofo só nos apresentam teorias lacunares sobre o tema. Assim, o leitor encontrará momentos em que a diferença entre a comédia e a tragédia toca no ponto crucial da função da arte na vida e na filosofia. Nesse sentido, a contribuição do estudo do riso é ainda mais relevante: de maneira tão sintética quanto precisa, Bergson atravessa, iluminado pelas lições do cômico e pela lógica da imaginação por ele revelada, três problemas capitais referentes à arte. Em primeiro lugar, a posição que ela assume diante da coesão social, seu papel na sociabilidade; em segundo lugar, a configuração do terreno das emoções mobilizadas pela experiência artística, indicando seu *lócus* próprio como a subjetividade individual; finalmente, o papel da arte na intuição da duração cujo desdobramento é a chave da metafísica. Tais pontos se reportam às principais teses da obra inteira de Bergson, e uma leitura cuidadosa do texto que aqui apresentamos, pode desempenhar uma função muito especial para quem se aventurar a conhecer essa filosofia, em sua radicalidade e originalidade próprias.

O RISO E A VIDA

Os ensaios de *O Riso* buscam uma análise psicológica que avança a partir do solo social das formas cômicas e ascende à sua dimensão artística, sem se perder, como foi o caso de variadas tentativas de filósofos e teóricos da arte, em aspectos certamente presentes na comédia, mas que não correspondem ao que a diferença em natureza de outras vertentes culturais que impressionam a nossa imaginação. Sem detalhar a que teóricos se pode atribuir esse equívoco, o de definir o cômico por qualidades acessórias deixando escapar o essencial, Bergson é bem claro ao apontar o que em sua análise representa sua originalidade e responde pelo seu êxito: extrair a essência do cômico através da *continuidade de progresso* pelo qual ele evolui da vida ordinária à grande arte, da sua função social primitiva à sua forma evoluída, que pode ser comparada às mais refinadas produções artísticas.

A origem do caráter cômico está enraizada em situações espontâneas e ordinárias de humor, mas, a partir dessa primeira ocasião, trata-se de encontrar as formas de fabricação do riso. Bergson nos avisa assim que inicia seu trajeto: o objeto da reflexão dos três ensaios que compõem *O Riso* é mais bem delimitado como a *fantasia cômica*. A análise dirige-se fundamentalmente à compreensão de como se origina o cômico, sob que condições emerge (o seu "fundo") e qual é o seu significado. Ao introduzir essa noção considerando-a como algo que vive, cujas formas se sucedem gradualmente sob nosso olhar manifestando, por suas transformações progressivas, o seu sentido, Bergson mobiliza uma noção capital a sua filosofia: a vida.

Centro da sua metafísica, a vida é uma das dimensões da duração, mais exatamente uma das figuras que o tempo assume no seu processamento como realidade. Ela conjuga dois sentidos interligados: o modo de existência pelo qual organismos diferem de corpos materiais e o impulso originário que torce a matéria no sentido da liberdade, criando efetivamente os organismos que evoluem, dissociam-se segundo tendências entre as quais desabrocha a humanidade. Os dois significados atribuem à vida qualidades que desempenham aqui papel capital: o que a vida imprime à matéria é a *plasticidade*, a mobilidade pela qual os organismos reagem ativamente ao ambiente e inserem indeterminação, em graus variáveis, no mundo. Mais que isso, as formas vitais concretizadas em organismos evoluem por transformações, mudanças que se continuam umas nas outras. Assim, a fantasia cômica e o riso que dela decorre serão observados como fenômenos temporais, marcados pela indeterminação, pela transformação e pela mobilidade. Enquanto modos da duração, esses fenômenos só podem ser esclarecidos por uma investigação que articule a análise e a intuição, métodos de conhecimento que são para Bergson complementares. As formas cômicas, localizadas nas produções concretas que visam fazer rir, funcionam então como materiais ou solo empírico cuja observação, comparação e convergência indicará o seu significado. A investigação se constrói do começo ao final dos textos com base nos exemplos constantemente reportados, que funcionam como balizas para o leitor – além de sinalizarem o caminho, conferem um tempero especial à leitura, intensificando o interesse a cada página percorrida.

Mas como mobilizar as condições empíricas da produção intencional do riso, isto é, de tudo o que é da ordem do cômico? Qual é a direção inicial que permite ao filósofo percorrer a série variada de construções humanas que fazem rir? A direção é fornecida pelos exemplos, incitando formulações *mínimas* a partir das quais Bergson pode retornar às variações do cômico (das formas, dos movimentos, das situações, das palavras e do caráter) para então expandir-se em seu conteúdo. Uma figuração muito especial do método intuitivo proporciona a entrada no tema mais profundo a ela ligado, o da arte e sua relação com a vida. É preciso não perder de vista esse modo de proceder, para poder acompanhar o vai e vem entre exemplos e argumentações: só será satisfatória a *definição fluida* à qual uma série progressivamente crescente de fatos, situações e obras cômicas puder ser referida.

A semelhança e a analogia entre formas de humor muito distantes entre si constituem o critério para avançar: tudo se joga para Bergson na potencialidade de que efeitos cômicos se reportem uns aos outros, segundo um desdobramento que não é linear. Os pontos de partida assumidos por esse viés devem ser enfatizados: o lugar do riso e a primeira formulação que um conjunto simples de exemplos nos indica. O ambiente da comicidade é o ser humano e sua vida em sociedade e a potencialidade humana à qual o riso se dirige diretamente consiste na inteligência pura, apartada de toda emoção. Tais indicações trazem de imediato ao escopo da análise a tese de que o riso tem função social, à luz da qual Bergson examina um conjunto de exemplos que envolvem desde as situações risíveis rasas e grosseiras, como um tombo inesperado, passam pela ênfase na distração em personagens cômicas clássicas, como é o caso de Dom Quixote, e chegam aos vícios de caráter bem explorados por comédias refinadas. Extrai dessas imagens sucessivas, primeiramente, uma fórmula inicial que possibilita uma espécie de visão panorâmica: o que se percebe nas manifestações mais sutis e que igualmente se destaca das formas mais grosseiras é um "efeito de automatismo e rigidez". A contraposição entre rígido/mecânico/inerte e plástico/maleável/vital consiste na ideia diretriz a partir da qual o aprofundamento progressivo das análises alcança o tema da arte.

A título de ilustração, tomemos em mais detalhe um momento paradigmático no primeiro ensaio. Nesse quadro teórico, a falta de jeito, o comportamento mecânico, a rigidez do corpo, a falta de flexibilidade diante de situações novas, marcam os exemplos enfileirados por Bergson até encontrar uma primeira vertente dominante e natural, a distração. Os exemplos mostram por si, na falta de elasticidade dos sentidos e da inteligência, uma fonte clara humor, e um breve, mas aguçado, lance de olhos sobre a obra de um grande comediante permite passar dessa primeira consideração ao seu aprofundamento: La Bruyère nos mostra como a distração, quando impregnada num indivíduo em sua profundidade ou integralidade, é uma vertente que está na base de imensa variedade do cômico. Nesse mesmo movimento do texto, para avançar, Bergson traz ao corpo dos exemplos a figura de Dom Quixote, que é para ele um paradigma do que chama "profundidade cômica"; não se trata, a respeito dessa personagem, de situações e caracterizações aleatórias e superficiais. O espírito sonhador de Dom Quixote, que "tropeça nas realidades" configura uma *distração sistemática*, o modo pelo qual ele está no mundo e com ele se relaciona. O trecho aqui mencionado ilustra o tipo de procedimento presente nos três ensaios que compõem *O Riso*, e cuja eficácia reside no foco que o olhar do filósofo dirige sobre as obras. É o caso, por exemplo, da atenção conferida a detalhes como os títulos das obras de Molière – os vícios gerais que conformam nova incidência de rigidez humana.

ATENÇÃO E DISTRAÇÃO:
O DESAJUSTE E O ISOLAMENTO SOCIAL
COMO SENTIDO DO MECÂNICO INVADINDO O VITAL

A originalidade da investigação em curso apresenta-se bem marcada por essa referência à distração. O problema da distração é o risco que ela contém de ruptura do equilíbrio vital e social. As ações pelas quais somos capazes de viver, seja no nível mais imediato e básico da autoconservação, seja no âmbito de uma vida livre e criativa, são aquelas através das quais nosso passado se insere em nosso presente, criando o futuro. Esse sentido da vida mental é estudado no livro *Matéria e memória*, uma vez que ali se explicita como o ser vivo, e em especial o ser humano, age de maneira adequada e cria condições para superar seus limites na medida em que sua atenção se concentra no entorno e dirige a inserção de lembranças na percepção atual. A noção capital de *atenção à vida* é o centro dessa teoria psicológica, e Bergson compreende o conhecimento como o resultado da convergência entre as lembranças que constituem nossa história e as esquematizações do nosso corpo pelas quais elas podem ser atualizadas.

A vida psicológica se processa como movimento da memória, o espiritual em nós progredindo, a partir de diversos planos de consciência, em direção ao corpo. Trata-se de um processo ativo pelo qual as lembranças iluminam as nossas ações e enriquecem o nosso conhecimento. O ajuste ou a solidariedade entre passado e presente, espírito e corpo, depende da atenção que dirigimos ao que nos rodeia – a atenção é assim *polarizada pela vida*. Do enfraquecimento dessa tensão do espírito podem surgir as patologias, as desordens ocasionadas pela desconexão entre a memória e o corpo, devido "a uma alteração ou uma diminuição de nossa atenção à vida exterior".[5] A base material dessa atenção é um órgão, o cérebro, que por sua organização complexa assegura a inserção adequada e útil das lembranças. Tudo o que nos acontece e de que temos consciência se conserva, essa tese de cunho ontológico está entre as mais relevantes da filosofia bergsoniana. O passado constitui o espiritual em nós, e ele pode influenciar, através do corpo, os eventos no mundo. Mas, sem um suporte material, essa espiritualidade pairaria ao vento, sem interferir na vida subjetiva e coletiva. Em outros termos, a capacidade que temos de agir com certa liberdade, de conhecer as coisas e de criar a partir desse conhecimento depende de nossa atenção à vida, cujo suporte é nosso corpo. Essa atenção, quando o cérebro é lesionado, é prejudicada, fazendo com que a conexão entre representações passadas e percepções presentes não mais se estabeleça com precisão. Mas a patologia, e essa é uma tese central ao livro, é apenas um caso limite do funcionamento psicológico normal, e a atenção à vida apresenta graus, definindo um leque de perfis psicológicos cujos limites são o sonho e o automatismo. O indivíduo que se comporta de modo a favorecer sua vida, sua inserção social, sua evolução espiritual se encontra no meio termo entre o homem de sonho e o homem de ação. Essa perda de ajuste pode configurar a falta de plasticidade do corpo e tornar-se um impedimento para *o ato de tensão da vontade* que insere indeterminação no mundo. São esses os casos que são retomados na tentativa de encontrar a fonte do riso. Em suma, existe um ajuste fino entre as representações, os afetos e a vontade que garante as nossas condições de vida, a nossa capacidade agir, a nossa adaptação social e a nossa liberdade. Ora, a distração, a partir de certo nível, expressa um

---

5. *Matéria e memória, op. cit.*, p. 8.

desajuste, é condicionada e pode intensificar a desarticulação entre espírito e corpo, entre o homem e o mundo, entre o indivíduo e a sociedade. As primeiras observações de Bergson permitem, dado esse contexto, explicitar melhor o papel social do riso. A vida em sociedade exige de nós um constante esforço de adaptação, sem o qual muitos desequilíbrios podem ocorrer. Mas, para viver bem, é preciso elasticidade e tensão, e o cômico explora situações em que esses dois aspectos diminuem de intensidade. O corpo vivo é essencialmente plástico, dotado de elasticidade, veículo de um espírito que pode agir no mundo justamente pela tensão que é capaz de imprimir a partir da vontade. Enfraquecidas, essas duas forças produzem reações inadequadas, improdutivas e mesmo nocivas para o tecido social. A diminuição da atenção, isto é, a distração, e o enrijecimento do corpo, das ideias e do caráter configuram perigos para um grupo cuja coesão é constantemente ameaçada por fatores externos os mais diversos. Este é o quadro delineado pelo filósofo e no qual se insere a primeira e mais básica função do riso: castigar o cômico que a rigidez representa na medida em que ela se opõe à maleabilidade indispensável ao ajuste vital e social.

É importante notar, entretanto, que o conjunto de ensaios estabelece uma progressão no que diz respeito ao aprofundamento da reflexão sobre o cômico que *eleva* o seu significado. Essa é uma das lições filosóficas mais importantes desse trajeto, porque passa desse sentido inicial dado ao fenômeno e alcança sua significação menos óbvia, seu lugar intermediário entre a vida e a arte. Por sua base concreta, a análise de Bergson pode conjugar as expressões do cômico no nível do ajuste social às mais elaboradas comédias em sua dimensão propriamente artística, porque se deixa dirigir por um fio condutor – a relação entre vital/espiritual e mecânico/material. Somente levando em consideração essa unidade que se deixa revelar à medida que o filósofo explora a multiplicidade de exemplos e de formas do cômico, o leitor evita perder-se em afirmações que parecem divergentes e, por vezes, contraditórias.

A ênfase na dimensão social do riso como castigo e na sua localização fora do emocional não esgota, longe disso, o significado do cômico, mas apenas indica de onde se deve partir, o lugar originário do fenômeno, o que implica encontrar vistas iniciais e sugestivas. Do papel social, passamos ao fator que nele se explicitou: a tendência à imobilidade e à repetição mecânica invadindo a mobilidade vital. Esse fator torna-se então o centro da primeira fórmula enunciada, a primeira indicação da fonte dos efeitos risíveis a partir da qual a análise pode progredir: um efeito de automatismo e rigidez. O grande mérito de Bergson consiste em partir desse conceito mínimo e atravessar círculos de efeitos que se organizam em torno de notas dominantes nas quais essa rigidez no vivo se transfigura. Ao assim proceder, o filósofo *pensa em duração*, expondo como o movimento de deslizamento do cômico através de suas diversas formas é uma progressão: ao final, na alta comédia, é o caráter que se mostra como ponto nodal da comicidade, e o "cômico de caráter" acaba por englobar as outras formas na qualidade de significação mais essencial – na verdade, o defeito de caráter que subjaz ao enrijecimento da vida é a vaidade.

Cabe, portanto, aos leitores do livro, seguirem as análises dos exemplos, efeitos e obras, conferindo como a lógica própria à imaginação responde pela relação entre formas distintas e variadas de uma tônica dominante. É importante enfatizar que a consistência das hipóteses para a explicação da essência do cômico depende da capacidade de fazer convergir a tese de que a vaidade expressa em essência o desajuste que o mecânico sobreposto ao vital sugeria, e que é na forma final do *cômico de caráter* que a filosofia pode saber em que medida a comédia é uma arte, mais que isso, a arte mais próxima da vida.

A SUCESSÃO DAS FORMAS CÔMICAS
E A RELAÇÃO COM O IMATERIAL

Existe assim uma continuidade entre as formas cômicas, e a análise filosófica consequente deve ser capaz de segui-la. Importa insistir aqui: o cômico se fabrica pela inserção do mecânico naquilo em que se pressente o vital, pela evidência de imobilidade numa sugestão de mobilidade. A esse respeito, o comentário sobre a caricatura é pleno de ensinamentos: a fisionomia cômica é aquela que exibe um enrijecimento num fundo cuja feição natural indicaria mobilidade. Bergson estabelece uma rica e original contraposição entre a imaterialidade da alma que é figurada na expressão facial e a tendência à inércia da matéria que pode ser impressa nessa face, obtendo do corpo uma certa solidificação pela qual ele parece *dominado por sua própria materialidade*. No bojo dessa comparação ele nos oferece uma relevante pista, retomando consequências do estudo sobre as emoções para compreender o cômico em negativo: o imaterial em nós se intensifica, em sua expressão, nas ações e condutas *graciosas*. As caricaturas cômicas não são exatamente feias, não se opõem ao belo, mas, antes, configuram um efeito vizinho à feiura sem a ela se reduzir, e que cabe explorar. A sua diferença essencial com o gracioso é então plena de ensinamentos. Bergson descreve o sentimento da graciosidade numa passagem célebre de sua primeira obra, o *Ensaio sobre os dados imediatos da consciência*. À luz do exemplo do que sente um espectador diante de um espetáculo de dança, o filósofo busca mostrar como somos tomados por uma transformação progressiva que se inicia com a percepção da *desenvoltura* dos movimentos da dança, passa pela transformação de nossa *relação com o tempo* e chega à *simpatia física*. O gracioso configura-se em nós como um estado emocional através do qual entramos em comunhão com o bailado que impressiona nossos sentidos – a simpatia virtual se expressa em nossa inclinação a mover-se com a bailarina que se dá em espetáculo.

Essa descrição, que traz à análise filosófica a própria experiência interior do tempo, nos coloca diante de um movimento de totalização marcado por uma certa tonalidade, progressão intensiva cuja significação se revela no grau mais intenso desse sentimento – quando se dissolve a barreira entre o espetáculo e o espectador, derrubando a separação entre consciências instituída pela materialidade e pelo espaço. A imaginação proporciona, através da emoção estética, uma comunhão das consciências pela virtualidade de um movimento em nós, pelo qual nos identificamos com o movimento do outro. Isso quer dizer que o fundo da graciosidade é a imaterialidade que se deixa entrever, pressentir, e que se identifica à duração. Bergson demonstrará, no seguimento de sua filosofia, que a duração é essencialmente constitutiva dos fenômenos vitais, e a vida se contrapõe à materialidade bruta precisamente porque nela os movimentos se organizam num todo de compenetração. Em lugar dos conjuntos atuais de partes exteriores que podem ser separadas e rearranjadas entre si, como é o caso dos objetos materiais cujas leis de composição são geométricas, o tempo, a memória e a vida envolvem totalidades virtuais, em que as partes se interpenetram e só têm sentido à luz desse todo. Essa contraposição, entre totalidades orgânicas e totalidades mecânicas, atravessa todas as reflexões de Bergson levadas a cabo em cada um de seus livros, estabelecendo gradualmente a distinção metafísica entre espírito e matéria. No estudo do cômico, ao explicitar sua diferença essencial com o gracioso, o filósofo nos mostra que encontramos, como fonte do riso, uma sobreposição artificial entre estes dois tipos de todos. Nós, como seres vivos especiais, expressamos a nossa vitalidade pelas características da duração: a mobilidade, a plasticidade e a elasticidade, através das quais somos capazes de superar a materialidade pela tensão da vontade. Ao nos oferecer imagens em que o retorno ao mecânico invade o âmago de nosso comportamento vital, os comediantes exploram uma fonte de efeitos risíveis, precisamente *a insinuação do material na duração*.

A diferenciação entre o gracioso e o cômico serve, portanto, de novo pano de fundo para que Bergson avance sua análise, direcionando-a para os gestos e os movimentos. As ponderações iniciais conduziram à identificação de uma marca efetiva da comicidade – o material e o imobilismo invadindo o vital como mobilidade. Elas constituem nesse sentido um reservatório de sugestões que serão testadas pelos novos exemplos: trata-se, no caso dos movimentos do corpo, de *encenações do mecânico*. Assim, é fonte de riso toda representação do corpo em movimento que tende ao repetitivo, que faz emergir, como se estivesse dentro do organismo, um mecanismo, uma articulação de partes como engrenagens mecânicas. O exame dos exemplos vem confirmar e reforçar a hipótese delineada sobre a fonte do cômico: uma composição entre o mecânico e o vivo que se metamorfoseia em contenção do fundo pela forma, figuração da pessoa em coisa, mascaramento da sociedade em composição maquinal etc.

A força da tese defendida se mede pela fertilidade de suas sugestões: há em Bergson um pragmatismo teórico que é enfatizado pelo percurso d'*O Riso*. Em vários momentos, ele apela ao leitor para que examine como alguns exemplos que são objeto de polêmicas, que impõem dificuldades de interpretação ou que acarretam recorrentemente confusões teóricas, podem ser esclarecidos com certa facilidade se iluminados por essa fórmula – os movimentos que nos provocam risos envolvem a mistura entre uma pessoa e uma máquina. O delineamento de um mecanismo surge de maneira que não pode eclipsar por completo a figura da mobilidade que nossos corpos desenham naturalmente. É por isso que as cenas e situações citadas esclarecem que a visão do mecânico ou do maquinal é fugidia, permanecendo a impressão de que temos diante de nós um ser que vive, isto é, muda, movimenta-se, transforma-se. O riso surge desde que a essa impressão se sobreponham as repetições de gestos, fazendo com que a ligação entre os gestos, e mesmo entre as pessoas, se incline à repetição, as semelhanças induzindo a imagem da fabricação industrial, as relações intersubjetivas figurando um conjunto de marionetes articulados entre si.

A imaginação

Partindo da fonte então descoberta, o trajeto dos ensaios pode circunscrever outros temas que ampliam o seu alcance filosófico. Dois deles merecem destaque: as considerações sobre o método que está sendo aplicado nesse estudo das formas do cômico tomadas como momentos de um processo vital e a determinação do funcionamento da imaginação humana a partir da observação de tais formas. Em nítida diferença com métodos dedutivos "clássicos", em que consequências são extraídas de princípios logicamente estabelecidos, Bergson se refere ao procedimento em curso na análise do livro como um movimento que só pode avançar ao girar em torno de exemplos reconhecidos como dominantes. A fórmula inicial do efeito de rigidez sobreposto ao vital se apresentou a partir da consideração de um grupo de efeitos cômicos que exercem esse papel. E é ela que permite ao filósofo avançar em direções sugeridas, passando a examinar novos e mais refinados casos. Uma roda de carro, girando e avançando, ou uma rotatória que o carro tem que contornar para continuar sua rota são as imagens mobilizadas para ilustrar esse funcionamento do método. Elas sublinham que a investigação se concentra sobre conjuntos de exemplos que gravitam em torno de modelos dominantes. Essa é uma das contribuições que *O Riso* nos oferece em relação à integralidade da filosofia bergsoniana: referir-se de maneira absolutamente original à intuição como método filosófico.

Trazendo à cena efeitos cômicos sutis, o filósofo entra no campo da imaginação. Essa passagem, ela mesma bem delicada, mostra que apenas os fenômenos que podemos chamar de ridículos se dirigiam à inteligência "pura" e o estudo do riso coloca em evidência uma dimensão da experiência humana situada entre a vida e a arte, compreendendo a sensibilidade e a imaginação. A relação entre a fórmula inicial e os efeitos mais longínquos é o trunfo de Bergson para explicar aquilo que outros teóricos deixaram sem solução. Esse é o caso de fatos e elementos corriqueiros, como o vestuário e o disfarce quando se tornam risíveis e mesmo ridículos. É pela atividade da imaginação que esses casos são vinculados à fonte do cômico, e a filosofia não pode negligenciar essa atividade para tratar do objeto em questão. A parte final do primeiro ensaio elabora as regras, nada evidentes, da lógica própria à imaginação, aproximando-a de um *sonho socialmente compartilhado* em que imagens se interpenetram segundo hábitos constituídos e conservados. Uma camada de imagens latentes em nossa interioridade subjaz às representações e aos juízos de ordem intelectual. É dessa camada subterrânea que vem a força de irradiação entre os efeitos diversos, alguns deles encobertos por sua inserção nos usos e costumes e que não puderam ser compreendidos pelos teóricos justamente pelo fato de que foram insensíveis à atividade não racional. É o modo de funcionamento da imaginação que explica a *força de expansão do cômico*. Ao não perceberem essa outra camada mental em que se processam imagens virtualmente cômicas, os teóricos do riso deixaram escapar algo essencial.

Sempre mobilizando exemplos, em especial os das grandes comédias, Bergson constrói explicações bem articuladas para o cômico na natureza e na sociedade, porque é capaz de exibir a ligação entre ideias derivadas e a ideia primitiva do mecânico invadindo o vital. A riqueza das explicações se mostra especialmente quando o filósofo analisa as ocasiões em que a sociedade se converte em objeto risível: o corpo social é também um conjunto que vive, e ao encenar uma regulamentação maquinal da sociedade, nela inserindo um conjunto de cerimônias mecanizadas ou qualquer forma de automatismo, os comediantes ilustram a aplicação das teses de Bergson. Ou seja, os comediantes souberam perfeitamente elaborar cenas em que essa *automação da sociedade viva* se converte em causa de riso, e por isso mesmo se torna visível – esse é o segredo da sua arte.

A imaginação conduz a análise, que parte dos exemplos mais grosseiros enraizados na compreensão do riso como castigo social, às formas mais elevadas da fantasia cômica, religando-as entre si através do critério da semelhança e das sugestões que permitem fazer emergir a fonte original nos efeitos mais distantes. A sobreposição do mecânico ao vivo ressurge assim em cenas notadamente engraçadas e veiculadas por imagens precisas. Tal é o caso da sugestão de uma regulamentação mecânica da natureza, da encenação de um automatismo dirigindo as sociedades, da concentração de nossa atenção nos elementos físicos de uma pessoa, quando o que está em jogo é sua dimensão moral, da transformação da pessoa em coisa etc. A proposta de seguir o fio condutor pode então explicar as analogias tão distantes que respondem pelos vários efeitos cômicos, e que confundem desde sempre os analistas e teóricos que tomaram a comédia como seu problema.

As elaborações sofisticadas do humor e a força da fórmula original

Parte considerável dos efeitos cômicos no teatro se constitui de jogos de linguagem. Teria a palavra um lugar especial na fabricação do riso? Bergson pode, através de seu fio condutor, responder a duas questões inelutáveis: como os rearranjos da linguagem atingem a imaginação e assim se transformam em fantasia cômica? Qual é a especificidade desse tipo de fantasia? O filósofo responde a tais questões – atendendo a uma exigência incontornável para qualquer teorização sobre a comédia – na exata medida em que transpõe as sugestões obtidas nas formas e nas situações cômicas para o terreno das palavras, aplicando metodicamente certas regras (derivadas das análises anteriores) a diversos trechos de comédias refinadas. Em outros termos, as formulações alcançadas, acrescidas de regras definidas pelo exame do cômico de ações e situações (testadas, por sua vez, em exemplos do teatro que envolvem o *vaudeville* contemporâneo e a arte refinada de Molière) incidem sobre esse tipo especial de comicidade centrado nas palavras. A parte final do segundo capítulo é então uma análise pródiga, fundada nas aquisições obtidas pelo exame do cômico de situações, da capacidade do teatro de impulsionar a linguagem, em si mesma, a criar, por sua potencialidade de *distrair-se de si mesma*.

Mas, para isso, é necessário passar pelo exame das *situações* risíveis já em terreno da arte, e essa condição se reporta, por sua vez, a elementos filosóficos trabalhados por Bergson no seu corpo teórico mais fundamental. E é a primeira metade do segundo ensaio que deve ser sublinhada então. Filosofia e arte já operam ali em convergência e interferência, na medida em que o capítulo promove definitivamente o nível da análise em curso: a essência do cômico produzido no terreno das ações e situações tem como melhor *lócus* de investigação a comédia, em primeiro lugar devido ao fato de que o teatro, via de regra, elabora uma versão exagerada e simplificada da vida. Novamente, a veia filosófica de Bergson se faz sentir pelo ponto de partida tomado: o prazer é uma afecção que se produz em nossa vida psicológica desde a infância e, dado que somos essencialmente *memória*, não pode haver ruptura ou descontinuidade entre as suas manifestações, por mais diversas que sejam e por mais que a maturidade lhes confira feições bem mais elaboradas. Sem o peso do passado, isoladas da totalidade de rememorações que as espreitam, emoções como o prazer se reduzem a muito pouco. Assim, tomando como dado que a comédia é um jogo que imita a vida, e apoiado no conjunto de conclusões sobre a vida consciente de *Matéria e memória*, Bergson interpreta cenas cômicas clássicas como fundadas nos *jogos infantis*. Trata-se de um dos momentos fortes do livro, dada a consistência que ele pode atingir justamente pela lista de exemplos alinhados e a capacidade demonstrada pela referência aos prazeres infantis para explicar os efeitos cómicos que eles explicitam.

O boneco de molas, as marionetes (ou fantoches) e a bola de neve, formas marcantes de diversão na infância, configuram esse passado cuja retomada se transforma em comicidade. A demonstração consiste simplesmente em reportar essa ligação entre a brincadeira infantil e as cenas do teatro às formulações obtidas no primeiro olhar lançado sobre a fabricação do riso. A conjugação entre uma pessoa e uma coisa, que se desdobra em invasão de um mecanismo ou automatismo naquilo que é essencialmente vital, continua a presidir os conjuntos de imagens ou efeitos que agora são pontuados no interior das comédias. O teatro encena situações e estrutura diálogos em que se interpenetram a ilusão da vida e a impressão de atividades mecanizadas. Nesse sentido, o segundo capítulo apresenta dois momentos bem marcados: em primeiro lugar, Bergson aplica a vertente empírica de seu procedimento, e percorre descrições dos jogos de infância já explicitando o modo pelo qual eles operam como fundo das cenas de comédias (do *vaudeville*, baseado no exagero e no artifício, mas em particular as peças de Molière). A seguir, indicando que a análise filosófica se desloca para o trabalho de dedução metódica, estabelece quais são os procedimentos técnicos, por assim dizer, que dirigem a criação das peças e se opõem pontualmente aos aspectos essenciais da vida.

A convergência com o trabalho de fôlego em vias de preparação quando os ensaios de *O Riso* foram escritos, isto é, com a interpretação filosófica da biologia que se concretiza, em 1907, na obra canônica de Bergson, *A evolução criadora*, entra em cena precisamente nesse momento. De fato, é na elaboração metafísica do terceiro grande livro que o filósofo nos oferece a caracterização dos fenômenos vitais como temporais: tomada em cada indivíduo, a vida é um processo de transformação constante, uma criação de si por si que avança sem cessar, até a morte; nesse sentido, ela não se repete, é mudança contínua. A célebre imagem do elã vital ali delineada tem como função sugerir esses aspectos unidos num movimento: avanço, transformação e criação. Toda e qualquer determinação de partes homogêneas que se rearticulam a cada fenômeno ligado aos seres vivos é artificial porque a vida em si mesma é processo. Assim, ela é irreversível, evolui no tempo e mesmo como tempo. Mas essa evolução temporal se conserva numa coesão cuja unidade não pode ser explicada como justaposição de partes: a individuação é marca do vital, e a morte se instala precisamente quando essa coesão arrebenta. O organismo é um sistema relativamente fechado cuja coesão garante a sua integridade, a sua unidade e a sua individualidade. Cabe repetir a breve síntese dos aspectos essenciais (retomada por Bergson na passagem do primeiro ao segundo momento do capítulo): como mudança incessante, a vida não se repete; como avanço, não se reverte o sentido do tempo; como individualidade coesa, o vivo não se abre a interferências de impacto, que alterem de maneira global sua própria organização. A *diferença de natureza* entre o inerte e o orgânico é assim retomada: "Mudança contínua de aspecto, irreversibilidade de fenômenos, individualidade perfeita de uma série fechada em si mesma".[6]

É nesse contexto que a trajetória da análise projeta sua força. As fórmulas cuja sucessão evidencia seu próprio centro irradiador – a contraposição entre o vital e o mecânico –, ela mesma uma reconfiguração da diferença capital entre a mobilidade da duração e a justaposição de imobilidade simultâneas no espaço, guiam o filósofo por entre os exemplos examinados, e neles detectam reconfigurações dos jogos infantis. Mobilizando os aspectos essenciais do vital, Bergson pode então extrair três procedimentos constitutivos da elaboração do cômico que são os exatos opostos das três marcas essenciais obtidas por diferenciação em natureza. Passando à dedução metódica sobre a elaboração das comédias, estão definidos os três processos que estão em sua base: contra a transformação contínua, *a repetição*; contra a irreversibilidade, *a inversão*; e contra a individualidade coesa, *a interferência entre as séries*.

Os sucessivos exemplos do teatro então examinados confirmam a consistência dessa dedução, que se processa, é bom lembrar, à maneira bergsoniana, extraindo direções de *sugestões* contidas em *definições dinâmicas*. Para os amantes do teatro e para os conhecedores das divisões clássicas entre tipos de dramaturgia cômica, as observações que se seguem consistem em farto material de reflexão, de estudos comparativos e de confrontações com as posições dominantes na crítica e no campo da estética. Mas, além dessa vertente de análise, mais ligada a um terreno de especialistas, o modo pelo qual Bergson pode passar dos exemplos corriqueiros e do teatro menos elaborado às comédias mais sutis e refinadas exibe um processo de construção filosófica cujo principal mérito é justamente ser capaz de atravessar imagens sucessivas de um mesmo fenômeno e delas extrair um sentido que

---

6. *O Riso, op. cit.*, p. 75.

ilumina as mudanças e nos revela o seu fundo, sua significação por assim dizer subterrânea – em uma palavra, a sua *essência*.

Mais que isso, a cada avanço para um conjunto novo de exemplos, o filósofo retorna às formulações que dirigiam as visões anteriores e nelas aponta elementos que ali figuravam em estado latente, ou em termos propriamente bergsonianos, na condição de *virtualidades*. Ao explicitar as lições anunciadas, Bergson atualiza o ensinamento virtual ao mesmo tempo em que amplia o seu escopo. Pensemos, para ilustrar esse procedimento tão peculiar quanto eficaz, na noção capital de distração: posta em cena desde as primeiras páginas do capítulo inicial, ela retorna em sentido *mais preciso* no segundo, quando se compreende que o riso castiga e pretende corrigir a distração exatamente porque suas consequências incidem sobre a vida. Se a vida é um avanço incessante implicado em transformações sucessivas que não interferem em sua individualidade, ela exige um grau elevado de atenção para a sua manutenção. A distração é o enfraquecimento, ou melhor, o *esquecimento* de si, cujos efeitos potenciais são a destruição, via dissolução, da coesão orgânica e do tecido social. *O Riso*, nesse sentido, parece ser a obra de Bergson cujas lições filosóficas melhor transitam entre a vida e a arte.

O CÔMICO DE CARÁTER COMO FORMA PURA: VIDA, SOCIEDADE E SUBJETIVIDADE NA ARTE ESPECIAL DA COMÉDIA

Os casos sucessivamente analisados e as formulações deles extraídas conduzem o filósofo ao momento mais importante de sua investigação: o exame do "cômico de caráter". Se Bergson partiu de uma noção geral sobre o riso, indicando a sua função social, não causa surpresa a afirmação de que era sempre "o homem, o caráter que visamos desde o início".[7] Em outros termos, com o tópico do caráter, o filósofo alcança o elemento puro no qual será completamente visível a essência do cômico. Explorando esse nível profundo, a análise estabelece as justificativas para teses que serviram como ponto de partida, como a da insensibilidade necessária ao riso e a da sua função de castigo ou correção para os desvios de um indivíduo ao distrair-se de si, dos outros e, sobretudo, da sociedade. O vício de

---

7. *O Riso, op. cit.*, p. 95.

caráter mostra o sentido essencial do problema da rigidez instalada numa personalidade: tornar-se insociável, perder a atenção aos outros, o que incomoda o corpo social. Assim, a dificuldade do problema do cômico se explicita, já que o teatro, como arte, tem de lidar aqui com uma equivocidade: responder às exigências sociais ao mesmo tempo em que, na qualidade de manifestação artística, atende às condições específicas e relativamente independentes da adequação vital e social. Desse modo, ao lidar com o elemento puro do cômico, Bergson toca no ponto essencialmente ligado à estética, uma vez que se trata de mostrar, através de seu nível elevado, a alta comédia, de que modo ela cumpre a função geral atribuída à arte: desvelar o real que o véu das ideias recobre devido às necessidades vitais. Se a vida teceu um véu "espesso para a maioria dos homens" entre nós e nossa consciência, esse véu é "leve, quase transparente, para o artista e o poeta".[8] Como pode o teatro, por meio de seus procedimentos próprios, dar conta de um fenômeno que se produz eminentemente na vida, que atende a necessidades em princípio distantes da arte? Esse é o pano de fundo do terceiro ensaio, que alcança a razão de ser do trajeto que atravessou o cômico das formas, dos movimentos, das situações e das palavras. Como figura final, o caráter leva ao limite as sugestões antes formuladas, exibindo sua essência e assim conferindo-lhes os fundamentos que elas apenas delineavam.

Nas breves e precisas considerações sobre o papel da arte, estão as condições de facilitação para deduzir os elementos do caráter cômico, presentes no teatro e na vida. O filósofo extrai e explora as consequências daquilo que reapareceu ao longo das diversas imagens observadas – é cômica toda pessoa que se dissocia do resto da sociedade, que se distrai de si e dos outros e por isso figura o que Bergson descreve como *"enrijecimento* contra *a vida social"*.[9] O riso vem assinalar, à pessoa e ao grupo de que ela assim se afasta, seu erro, sua falta, seu perigo. Mas o caráter é o que nos individualiza, expressando uma história que é única, que nos pertence singularmente. A noção de caráter, analisada por Bergson em *Matéria e memória*, é perpassada por uma ambiguidade que ressurge aqui. A tese ontológica central à obra, a da sobrevivência integral de tudo o que vivenciamos, sob a forma de lembranças, condiciona a definição do nosso caráter como a

---

8. *O Riso, op. cit.*, p. 103.
9. *Ibid.*, p. 96.

"síntese atual de todos os nossos estados passados",[10] síntese que marca nossas ações e decisões. Enquanto forma condensada da vida psicológica, ele sintetiza uma história ao mesmo tempo em que constitui um tom singular que se expressa nas relações intersubjetivas – o caráter alia a singularidade de alguém a uma tendência à repetição, à generalização em nós, porque é fruto da conservação. Um homem, em certa medida, é seu próprio caráter, e, enquanto tal, colore suas ações com sua própria tonalidade. Não se trata de determinação necessária, mas a "nossa vida psicológica passada inteira condiciona nosso estado presente".[11] Esse condicionamento expressa a dualidade tão cara a Bergson: como *história conservada*, o caráter imprime *repetição* ao nosso modo de agir; como *história em construção*, a vida de alguém pode conferir flexibilidade a seu caráter singular, convergindo com a *plasticidade* tão necessária à adaptação e à liberdade.

A ação vital exige de cada um buscar o equilíbrio – ou a articulação mais rica e fértil – entre suas próprias *inclinações* e a *maleabilidade* diante das inúmeras e variadas situações com as quais um indivíduo tem que lidar. Nesse sentido, um determinado caráter não pode ser objeto de julgamento moral, mas a maneira pela qual ele incide na mobilidade exigida pela vida, especialmente em sua dimensão coletiva, pode receber um valor social. Eis então o mote para que a dimensão cômica do caráter inclua a dualidade entre mobilidade e rigidez que atravessa todas as formas anteriormente analisadas. A extrema coerência entre os três capítulos, entre as análises de variados exemplos e, sobretudo, entre o que Bergson projeta sobre o cômico e a dualidade essencial a toda a sua filosofia, mostra-nos ainda uma vez como *O Riso* se insere de modo estrutural no todo da obra.

Dado esse contexto, caberá à arte do poeta cômico encontrar as maneiras de evidenciar, no caráter, um vício e, no que individualmente não poderia ser julgado do ponto de vista moral, um perigo social. Se a comédia pode revelar alguma coisa num ambiente estetizado, é, sobretudo, porque consegue articular certo poder de impedir que simpatizemos com as personagens, a potência de isolar um elemento de um todo (o caráter de alguém, tomado em si, é sua própria alma) e o fundo constituído pelas exigências sociais. Parte do trabalho de Bergson nesse ápice da análise se dedica a equacionar tais condições ao mesmo tempo em que as exibe no trabalho

---

10. *Matéria e memória, op. cit.*, p. 173.
11. *Ibid.*, p. 173.

de criação das comédias. É dessa tensão entre o individual e o social que se deve partir para, finalmente, analisar a poesia cômica, e o seu lugar intermediário entre a vida e a arte.

Assim, o último ato dos três em que se organiza *O Riso* é marcado pela sua condição de sentido final das formulações sucessivamente elaboradas até então. Sugeridas desde as primeiras situações risíveis mobilizadas pelo filósofo, duas determinações retornam como as qualidades essenciais do cômico e recebem esclarecimentos. A primeira delas é a função do riso, que se resolve então por seu papel de gesto social pelo qual a distração, a excentricidade, o desajuste funcional, causam o isolamento de um indivíduo face à coesão do corpo social. Mas, uma vez que o caráter é eminentemente individual, e representa a constituição psicológica do sujeito, ele representa um complicador para que o cômico se limite ao papel indicado – figurar o risco para o grupo. Se nosso caráter é forjado por nossa história singular, ele contém em si a tendência à repetição, a inclinação que temos a conferir um mesmo tom aos nossos atos e às expressões de nossa vontade. A repetição, o hábito e o mecânico constituem o que em nós é a própria generalidade e, ao embaralhar a generalidade e a individualidade, o cômico de caráter exige que o filósofo se esforce para aprofundar sua reflexão sobre a arte. Bergson encontra, portanto, nessa última figura, a ocasião para ao menos delinear a sua estética. E o faz a partir da explicitação da diferença da comédia em relação à tragédia, ambas configurando duas maneiras divergentes de criar e sugerir empatia, senão simpatia – uma pela exaltação de nossas emoções; a outra pela sua neutralização parcial.

As principais conclusões oriundas da minuciosa análise psicológica empreendida em *Matéria e memória* novamente operam aqui: estão no fundo das considerações sobre o *que a arte nos permite ver*, às quais Bergson é conduzido. Com efeito, a percepção e o reconhecimento, em sua base corporal e em sua atividade espiritual, são descritos ali como processos pelos quais extraímos, do real, visões parciais e conjuntos de aspectos gerais que podem interessar à nossa ação. A percepção natural necessariamente fixa e recorta um real que é contínuo e dinâmico, e essa é a condição inicial e originária de nosso conhecimento. A inteligência, através da linguagem, elevará esse procedimento ao seu alto nível de complexidade e às performances mais sofisticadas da cultura humana. Ambas tratarão prioritariamente com gêneros e relações, afastando-se cada vez mais do individual e do singular. A filosofia inteira de Bergson pode ser entendida como o esforço para superar essas condições e fazer nossa capacidade de conhecer retornar ao singular, ao qualitativo e ao dinâmico, dimensões da duração que as necessidades vitais e a organização social soterraram. E não são poucas as vezes em que o filósofo cita os artistas como *iniciadores* e *facilitadores* da metafísica. A contraposição entre, de um lado, a filosofia e a arte e, de outro, o conhecimento do senso comum e mesmo científico retorna assim ao final do estudo sobre o riso.

A arte, como a filosofia, tem como objetivo superar os símbolos, ultrapassar a visão distorcida pelo direcionamento prático da percepção e da formação de ideias, afastar a generalização tão necessária à socialização e recuperar o real que se esconde por trás do véu de representações que a inteligência teceu. O desenvolvimento intelectual é determinado pelas condições de vida da humanidade, e elas são eminentemente sociais. A fabricação, a linguagem e a coesão social delimitam, portanto, o *terreno da inteligência* como o da generalização. Uma filosofia aderente ao concreto, auxiliada pela arte, pode, entretanto, deslocar a experiência humana desse terreno, por um esforço que amplia seu horizonte e atinge suas camadas mais profundas. Por esse papel, a arte implica de algum modo um rompimento com a sociedade, mas de maneira que ele é condicionado e controlado pelo espaço "artificial" em que ela se processa. E a comédia figura a seu modo esse rompimento, uma vez que ela não se afasta da vida e mesmo prolonga as origens sociais do riso. Esse momento capital do livro expõe assim a tentativa de, por intermédio dos elementos cômicos mais essenciais, diferenciar a comédia do drama como meio de indicar precisamente *em que sentido ela é uma arte.*

Tudo se joga, para Bergson, na contraposição entre o que considera ser o alvo da arte em geral, o individual, e a especificidade da comédia, que visa ao geral. A comédia tem a capacidade de descrever, ilustrar, pintar tipos de caráter, neles evidenciando o elemento já cômico, por sua proximidade com o enrijecimento. Concentrando-se na tendência à rigidez que permeia a expressão de uma história, vital e corporal, antes de tudo, a comédia pode tocar os seus espectadores e dirigir o seu olhar para algo que não se apresentava naturalmente à consciência: ela pinta retratos gerais. Como arte que pinta *tipos*, que serve aos propósitos da sociedade mesmo em sua dimensão de espetáculo voltado ao prazer, ela se aproxima da vida. Um dos desafios que a leitura do último ensaio nos propõe é precisamente o de avaliar a precisão e a fidelidade dessa caracterização da alta comédia, uma vez que o filósofo apenas nos introduz ao cerne dessa relação com o drama, com a vida e com as finalidades da arte tal como ele as pensa. Também é instigante a proposição de que o cômico de caráter busca explicitar o geral e o mecânico naquilo que singulariza cada pessoa, e assim se contrapõe ao drama que pretende fazer reviver os sentimentos que foram adormecidos e maquiados pela superficialidade constitutiva da imanência do eu ao corpo social.

Em síntese, a poesia cômica, *como arte*, sugere e propaga seus efeitos ao ecoar na imaginação do público, provocando em seus espectadores uma condição de receptividade, mas de modo a neutralizar certa comoção (essa, decerto, indispensável ao drama) que poderia fazer com que simpatizássemos com o vício de caráter por ela evidenciado. A arte revela algo antes obscuro ou mesmo oculto. Mas, como arte *que visa o geral*, ela de algum modo simpatiza com nossa própria imanência ao social, tocando num valor de fundo que se manifesta pelo riso. Esse é o ponto em que Bergson parece avançar muito na análise da comédia. Finalmente, cabe indicar uma consequência especial desse texto tão prazeroso quanto profundo. Ao assim adentrar no campo da filosofia da arte, tomando o teatro como foco de análise com vistas a dele extrair seus modos de proceder, suas condições de possibilidade e sua significação, Bergson nos oferece farto material para retomarmos os debates do século XVIII e a obra capital para o tema que é a *Crítica do juízo*, de Kant. As relações com variadas teorias sobre o cômico são apenas insinuadas no livro, o que faz do conjunto de ensaios sobre o riso e a significação do cômico uma excelente ocasião de reflexão e uma porta de abertura a pesquisas filosóficas ainda não percorridas. Delineado o pano de fundo das análises que se seguem, fica o convite ao leitor para percorrer um texto instigante, atual e profundo.

Débora Cristina Morato Pinto

PREFÁCIO[12]

Este livro contém três artigos sobre o Riso (ou antes, sobre o riso provocado particularmente pelo cômico) anteriormente publicados na *Revue de Paris*.[13] Ao reuni-los em um volume, havíamos nos questionado se não deveríamos examinar mais profundamente as ideias de nossos antecessores e proceder a uma crítica rigorosa das teorias sobre o riso. Pareceu-nos então que nossa exposição se complicaria demasiadamente e que resultaria desproporcional à importância do tema tratado. Consideramos ainda que as principais definições do cômico haviam sido discutidas por nós de forma explícita ou implícita, mesmo que de modo breve, a propósito de alguns exemplos que a elas remetiam. Sendo assim, limitamo-nos a reproduzir nossos artigos. Aos quais apenas acrescentamos uma lista dos principais trabalhos publicados sobre o cômico nos trinta anos precedentes.

Outros trabalhos surgiram desde então. A lista que fornecemos a seguir ficou mais extensa. Mas nenhuma alteração foi acrescentada ao livro. Certamente, não porque estes diversos estudos não tenham esclarecido em mais de um ponto a questão sobre o riso. Mas porque nosso método, que consiste em determinar os procedimentos de constituição do cômico, distingue-se daquele normalmente seguido e que visa a reunir os efeitos cômicos em uma fórmula bastante ampla e simples. Estes dois métodos não se excluem mutuamente; mas tudo o que pode ser obtido pelo segundo deixará intactos os resultados do primeiro; e este, para nós, é o único que comporta precisão e rigor científicos. Ponto para o qual, de resto, chamamos a atenção dos leitores no apêndice que adicionamos à presente edição.

H. B.
Paris, janeiro de 1924.

---

12. Prefácio à 23ª edição (1924). (N.T.)
13. *Revue de Paris*, 1º e 15 de fevereiro; e 1º de março de 1899.

Hecker, *Physiologie und psychologie des lachens und des komischem*, 1873.

Dumont, *Théorie scientifique de la sensibilité*, 1875, p. 202ss. Cf., do mesmo autor, *Les causes du rire*, 1862.

Courdaveaux, *Études sur le comiques*, 1875.

Philbert, *Le rire*, 1883.

Bain (A.), *Les émotions de la volonté*, trad. fr., 1885, p. 249ss.

Kraepelin, *Zur Psychologie des komischen* (*Philos. Studien*, v. II, 1885).

Spencer, *Essais*, trad. fr. 1891, v. 1, p. 295ss. *Physiologie du rire*.

Penjon, *Le rire et la liberté* (*Revue philosophique*, 1893, t.II).

Mélinad, *Pourquoi rit-on?* (*Revue des Deux-mondes*, fevereiro, 1895).

Ribot, *La psychologie des sentiments*, 1896, p. 342ss.

Lacombe, *Du comique et du spirituel* (*Revue de métaphysique et de morale*, 1897).

Stanley Hall e A. Allin, *The psychology of laughing, tickling and the comic* (*American Journal of Psychology*, v. IX, 1897).

Meredith, *An essay on Comedy*, 1897.

Lipps, *Komik und humor*, 1898. Cf., do mesmo autor, *Psychologie der Komik* (*Philosophische Monatshefte*, v. XXIV, XXV).

Heymans, *Zur Psychologie der komik* (*Zeitschr, f. Psych. u. Phys. der Sinnesorgane*, v. XX, 1899).

Ueberhorst, *Das komische*, 1899.

Dugas, *Psychologie du rire*, 1902.

Sully (James), *An essay on laughter*, 1902 (trad. fr. De L. e A. Terrier: *Essai sur le ire*, 1904).

Martin (L.J.), *Psychology of aesthetics: The comic* (*American Journal of Psychology*, 1905, v. XVI, p. 35-118).

Freud (Sigm.), *Der witz und seine beziehung zum unbewussten*, 1905; 2ª ed., 1912.

Cazamian, *Pourquoi nous ne pouvons définir l'humour* (*Revue germanique*, 1906, p. 601-634).

Gaultier, *Le rire et la caricature*, 1906.

Kline, *The psychology of humor* (*American Journal of Psychology*, v. XVIII, 1907, p. 421-441).

Baldensperger, *Les définitions de l'humour* (*Études d'histoire littéraire*, 1907, v. 1)

Bawden, *The comic as illustrating the summation-irradiation theory of pleasure-pain* (*Psychological Review*, 1910, v. XVII, p. 336-346).

Schauer, *Ueber das wesen der komik* (*Arch. f. die gesamte Psychologie*, v. xviii, 1910, p. 411-427).

Kallen, *The aesthetic principle in comedy* (*American Journal of Psychology*, v. xxii, 1911, p. 137-157).

Hollingworth, *Judgments of the comic* (*Psychological Review*, v. xviii, 1911, p. 132-156).

Delage, *Sur la nature du comique* (*Revue du mois*, 1919, v. xx, p. 337-354).

Bergson, *A propos de "la nature du comique"*. Réponse à l'article précédent (*Revue du mois*, 1919, v. xx, p. 514-517). Reproduzido em parte no apêndice desta edição.

Eastman, *The sense of humor*, 1921.

CAPÍTULO I

Do cômico em geral – O cômico das formas e o cômico dos movimentos – Força de expansão do cômico

O que significa o riso? O que há no fundo do risível? O que haveria de comum entre uma careta de palhaço, um jogo de palavras, um quiproquó de *vaudeville* e a cena de uma comédia refinada? Que destilação poderia nos dar a essência, única, que empresta a tantos produtos distintos seja seu odor indiscreto, seja seu delicado perfume? Os maiores pensadores, desde Aristóteles, enfrentaram este pequeno problema, que sempre se dissimula ante seus esforços, desloca-se, escapa e ressurge, impertinente desafio lançado à especulação filosófica.

Nossa desculpa em novamente abordar o problema é não pretendermos encerrar a fantasia cômica em uma definição. Vemos nela, antes de tudo, algo de vivo. Nós a trataremos, por mais singela que ela seja, com o respeito que devemos à vida. Iremos nos limitar a vê-la crescer e se expandir. De forma em forma, por gradações insensíveis, ela realizará sob nossos olhos as mais singulares metamorfoses. Não desprezaremos nada do que tivermos visto. Talvez assim, por meio desse contato, possamos alcançar algo de mais flexível do que uma definição teórica – um conhecimento prático e íntimo, como aquele que nasce de uma longa camaradagem. E talvez também venhamos a descobrir que, sem querer, realizamos um conhecimento útil. Racional, a seu modo, até em seus maiores devaneios, metódica em sua loucura, sonhadora, sem dúvida, mas evocando em sonhos visões que são imediatamente aceitas e compreendidas por toda uma sociedade, a fantasia cômica não nos ensinaria algo sobre os procedimentos pelos quais a imaginação humana trabalha e, mais particularmente, sobre a imaginação social, coletiva, popular? Nascida na vida real, aparentada à arte, não nos diria algo também sobre a arte e sobre a vida?

38

Iniciemos com três observações que consideramos fundamentais. Elas dizem respeito menos ao cômico em si do que ao lugar no qual é preciso procurá-lo.

I

Eis o primeiro ponto sobre o qual chamamos a atenção. Não há cômico fora do que é propriamente *humano*. Uma paisagem pode ser bonita, graciosa, sublime, insignificante ou feia; nunca será risível. Podemos rir de um animal, mas apenas porque surpreendemos nele uma atitude ou expressão humanas. Podemos rir de um chapéu; mas o que ridicularizamos neste caso não é o pedaço de feltro ou de palha e, sim, a forma que os homens lhe deram, o capricho humano que o moldou. Como um fato tão importante na sua simplicidade não chamou há mais tempo a atenção dos filósofos? Muitos definiram o homem como um "animal que sabe rir". Poderiam igualmente tê-lo definido como um animal que faz rir, pois, se algum outro animal ou qualquer objeto inanimado chegam a tanto é por semelhança com o homem, pela marca que o homem neles imprime ou pelo uso que deles o homem faz.

Observemos ainda, como um sintoma não menos marcante, a *insensibilidade* que comumente acompanha o riso. Parece que o cômico só consegue produzir sua agitação se incidir sobre uma alma cuja superfície esteja suficientemente calma, suficientemente estável. A indiferença é seu ambiente natural. Não há maior inimigo do riso que a emoção. Isto não significa que não possamos rir de alguém que, por exemplo, nos inspire piedade ou, mesmo, afeto; mas apenas que por alguns instantes será preciso esquecer este afeto, silenciar esta piedade. Em uma sociedade de inteligências puras, provavelmente ninguém choraria, mas certamente as pessoas ainda ririam; ao passo que entre almas invariavelmente sensíveis, em uníssono com a vida, na qual todo acontecimento se prolongasse em ressonância sentimental, não se conheceria nem compreenderia o riso. Experimente, por um momento, interessar-se por tudo o que é dito e por tudo o que é feito, aja, em imaginação, com aqueles que agem, sinta com aqueles que sentem, dê, enfim, a maior amplitude possível à sua simpatia. Como sob um passe de mágica verá os objetos mais superficiais adquirirem peso e uma coloração severa sobrepor-se a todas as coisas. Agora desligue-se, assista à vida como um espectador indiferente: muitos dramas se transformarão em comédia. Basta que tampemos os ouvidos ao som da música em um salão de dança, para que imediatamente os dançarinos nos pareçam ridículos. Quantas ações humanas resistem a uma prova deste tipo? E quantas não veríamos passar do grave ao divertido se as isolássemos da música do sentimento que as acompanha? Em suma, o cômico exige, para produzir seu efeito, algo como uma anestesia momentânea do coração. Ele se dirige à inteligência pura.

Entretanto, esta inteligência deve se manter em contato com outras inteligências. Eis aqui o terceiro fato para o qual gostaríamos de chamar a atenção. Não apreciaríamos o cômico se nos sentíssemos isolados. Aparentemente, o riso tem necessidade de eco. Escute-o bem. Não se trata de um som articulado, preciso, acabado; mas algo que gostaria de se prolongar, reverberando gradativamente, algo que começa com um estrondo para continuar por ressonância, assim como um trovão na montanha. E, no entanto, tal repercussão não deve ir ao infinito. Ela pode se mover dentro do maior círculo possível; nem por isso tal círculo será menos fechado. Nosso riso é sempre o riso de um grupo. Talvez já lhe tenha ocorrido ouvir, em um vagão de trem, ou em uma mesa de hotel, viajantes contarem histórias que para eles devem ser muito engraçadas, pois que riem às gargalhadas. Você teria rido como eles se fizesse parte do grupo. Não fazendo, não tem vontade alguma de rir. Um homem, a quem perguntaram por que não chorava em um sermão no qual todos derramavam lágrimas, respondeu: "Eu não sou da paróquia". O que este homem pensava sobre as lágrimas, vale muito mais para o riso. Por mais franco que pudermos supô-lo, o riso esconde um entendimento prévio, eu diria quase uma cumplicidade com os outros ridentes, reais ou imaginários. Quantas vezes já se notou que, no teatro, os espectadores riem mais quanto mais cheia está a sala; quantas vezes já se observou, por outro lado, que muitos efeitos cômicos não podem ser traduzidos de uma língua para outra, pois que são relativos aos costumes e às ideias de uma determinada sociedade? Mas foi por não ter compreendido a importância desse fato duplo que vimos no cômico uma simples curiosidade com a qual o espírito se diverte e, no próprio riso, um fenômeno estranho, isolado, sem relação com o restante da atividade humana. Donde se seguem estas definições que tendem a fazer do cômico uma relação abstrata entre ideias percebidas pelo espírito, "contraste intelectual", "absurdo sensível" etc. definições que, mesmo se adequadas a todas as formas do cômico, não explicam minimamente porque o cômico faz rir. Como se explica, com efeito, que esta relação lógica em particular, assim que percebida, nos contraia, dilate, sacuda, enquanto todas as outras nos deixam indiferentes? Não abordaremos o problema por esse lado. Para compreender o riso é preciso recolocá-lo em seu ambiente natural, que é a sociedade; é preciso, sobretudo, determinar sua função útil, que é uma função social. Tal será, digamos desde agora, a ideia diretriz de toda nossa investigação. O riso deve responder a certas exigências da vida em comum. O riso deve ter uma significação social.

Marquemos claramente o ponto para o qual convergem nossas três observações preliminares. O cômico nascerá, aparentemente, quando os homens, reunidos em grupo, voltarem toda sua atenção sobre um dentre eles, calando sua sensibilidade e exercendo apenas sua inteligência. Qual é então o ponto particular sobre o qual a atenção deverá se dirigir? Em que se empregará aqui a inteligência? Responder a essas questões já será circunscrever mais de perto o problema. Alguns exemplos, no entanto, tornam-se indispensáveis.

II

Um homem, correndo na rua, tropeça e cai; os passantes riem. Não riríamos dele, acredito, se supuséssemos que ele teve a súbita fantasia de se sentar no chão. Rimos porque ele se sentou involuntariamente. Não é, portanto, sua brusca mudança de atitude que faz rir, é o que há de involuntário na mudança, é sua falta de jeito. Talvez houvesse uma pedra no meio do caminho. Teria sido preciso mudar o passo ou desviar do obstáculo. Mas por falta de agilidade, por distração ou obstinação do corpo, *por efeito de uma rigidez ou velocidade adquirida*, os músculos continuaram a desenvolver o mesmo movimento quando as circunstâncias pediam outra coisa. É por isso que o homem caiu, é disso que os passantes riem.

Vejamos agora uma pessoa que se ocupa de suas tarefas cotidianas com uma regularidade matemática. Ocorre, no entanto, que os objetos ao seu redor foram trocados de lugar por um gozador. A pessoa mergulha sua pena no tinteiro e a retira com lama, crê sentar-se em uma cadeira firme e se estatela no chão, age, enfim, de modo absurdo ou gira em falso, sempre pelo efeito de uma velocidade adquirida. O hábito imprimiu um impulso quando teria sido necessário parar o movimento ou dar-lhe uma nova direção. Mas não, continua-se maquinalmente em linha reta. A vítima desta farsa está, portanto, em uma situação análoga àquela do homem que corre e cai. Ela é cômica pela mesma razão. O que há de risível em um caso como no outro é a existência de uma certa *rigidez do mecânico* onde gostaríamos de encontrar a agilidade e a flexibilidade viva de uma pessoa. Entre os dois casos a única diferença é que um se produziu por si mesmo, enquanto o segundo foi obtido artificialmente. Lá o passante nada mais fez do que *observar*; aqui o gozador *experimenta*.

Nos dois casos, entretanto, é uma circunstância exterior que determina o efeito. O cômico é acidental, portanto; permanece, por assim dizer, na superfície da pessoa. Como poderia penetrar seu interior? Seria preciso que a rigidez mecânica se revelasse sem ter necessidade de um obstáculo exterior colocado diante de si pelo acaso das circunstâncias ou pela malícia dos homens. Seria preciso que ela retirasse de seu próprio fundo, por uma operação natural, a ocasião constantemente renovada de manifestar-se no exterior. Imaginemos um espírito sempre voltado para o que acabou de fazer, nunca para o que está fazendo, como uma melodia atrasada em relação ao seu acompanhamento. Imaginemos certa falta de elasticidade natural dos sentidos e da inteligência que faça com que continuemos a ver o que não existe mais, ouvir o que não mais ressoa, dizer o que não mais convém, enfim, que nos adaptemos a uma situação passada e imaginária quando deveríamos nos moldar à realidade presente. Neste caso, o cômico se instalará na própria pessoa. Será a pessoa quem lhe fornecerá tudo, matéria e forma, causa e ocasião. Não é de se estranhar, portanto, que o *distraído* (pois este é o personagem que acabamos de descrever) sempre tenha estimulado a verve dos comediantes. Quando La Bruyère encontrou este caráter em seu caminho compreendeu, ao analisá-lo, que tinha nas mãos uma receita para a construção de uma infinidade de efeitos cômicos. E abusou dela. Faz de Ménalque a mais longa e a mais detalhada das descrições, volta a ela, repisa, força a mão.[14] A facilidade do tema lhe seduz. De fato, ainda que a distração não seja a fonte mesma do cômico, trata-se certamente de uma corrente de fatos e de ideias que vem diretamente de sua fonte. Encontramo-nos em uma das grandes vertentes naturais do riso.

Mas o efeito da distração ainda pode ser reforçado. Há uma lei geral, da qual acabamos de descobrir uma primeira aplicação, que formularemos

---

14. Cf. J. de La Bruyère, *Les caractères, ou les moeus de ce siècle*, XI, 7, reed. Paris, R. Laffont, col. "Bouquins", 1992, p. 839-843.

do seguinte modo: quando um determinado efeito cômico deriva de uma determinada causa, o efeito nos parecerá tanto mais cômico quanto mais natural nos parecer sua causa. Rimos, é verdade, da distração que se apresenta a nós como um simples fato. Mas ainda mais risível será a distração que tivermos visto nascer e crescer sob nossos olhos, cuja origem conhecermos, e cuja história pudermos reconstituir. Suponhamos, portanto, para tomar um exemplo bem preciso, que uma personagem tenha feito dos romances de amor ou de cavalaria sua leitura habitual. Atraída, fascinada por seus heróis, ela vai, pouco a pouco, deixando fluir na direção deles seu pensamento e sua vontade, até que passe a circular entre nós como um sonâmbulo. Suas ações são distrações. Com a única diferença que todas as suas distrações se ligam a uma causa conhecida e positiva. Não são *ausências* puras e simples; elas se explicam pela *presença* da personagem em um ambiente bem definido, ainda que imaginário. Sem dúvida uma queda é sempre uma queda, mas uma coisa é cair em um poço porque se olhava para qualquer outro lugar, outra coisa é cair nele porque se contemplavam as estrelas. E eram justamente estrelas que Dom Quixote contemplava. Quanta profundidade cômica, romanesca e de espírito sonhador! E, no entanto, se nos voltarmos para a ideia da distração que deve servir de intermediária, veremos este cômico profundo se unir ao cômico mais superficial. Na verdade, esses espíritos sonhadores, esses exaltados, esses loucos tão estranhamente racionais nos fazem rir tocando as mesmas cordas, acionando em nós o mesmo mecanismo interior que a vítima de uma simples farsa ou que o passante que escorrega na rua. Também eles, que correm atrás do ideal e tropeçam nas realidades, sonhadores cândidos que a vida maliciosamente espreita, são corredores que caem e ingênuos que enganamos. No entanto, esses grandes distraídos são superiores aos outros pelo fato de sua distração ser sistemática, organizada em torno de uma ideia central – uma vez que também suas desventuras são ligadas pela lógica inexorável que a realidade aplica para corrigir o sonho – e também por provocarem em torno de si, por efeitos que sempre podem se adicionar uns aos outros, um riso indefinidamente crescente.

Avancemos ainda um passo. Certos vícios não poderiam ser para o caráter, o que a rigidez da ideia fixa é para o espírito? Defeito natural ou contratura da vontade, o vício quase sempre se assemelha a uma deformidade da alma. Sem dúvida há vícios nos quais a alma se instala profundamente, com tudo o que ela traz em si de poder fecundante, e que ela arrasta, vivificados, em um redemoinho de transfigurações. Estes são os vícios trágicos. Ao contrário, o vício que nos torna cômicos é aquele que chega até nós de fora, como uma moldura pronta na qual nos inserimos. Ele nos impõe sua rigidez, em vez de emprestar nossa flexibilidade. Nós não o complicamos, é ele quem nos simplifica. Nisto, justamente, parece residir – como procuraremos mostrar em detalhe na última parte deste estudo – a diferença essencial entre a comédia e o drama. Um drama, mesmo quando nos pinta paixões ou vícios facilmente identificáveis, os incorpora tão bem ao personagem, que seus nomes são esquecidos, seus caracteres gerais se apagam, e não mais pensamos neles, mas na pessoa que os absorve; é por isso que o título de um drama tem de ser um nome próprio. Pelo contrário, inúmeras comédias têm nomes comuns: *O avarento*, *O jogador* etc. Se lhe disser para pensar em uma peça que pudesse se chamar *O ciumento*, por exemplo, você pensará em *Sganarello*, ou em *George Dandin*, mas não em *Otelo*. *O ciumento* só pode ser o título de uma comédia. É que por mais que um vício cômico possa se unir intimamente às pessoas, nem por isso deixa de conservar sua existência independente e simples; ele permanece a personagem central, invisível e presente, que suspende, da cena, as demais personagens de carne e osso. Por vezes diverte-se dando-lhes o seu peso e fazendo-as rolar com ele ladeira abaixo. Mas na maior parte das vezes utiliza-se delas como a um instrumento ou as manuseia como fantoches. Olhe um pouco mais de perto. Você verá que a arte do poeta cômico é a de nos fazer conhecer tão bem esse vício, de nos introduzir a nós, espectadores, tão fundo em sua intimidade, que acabamos por obter alguns dos fios das marionetes que ele manipula; seremos nós, então, que as manipularemos. Parte de nosso prazer vem disso. Sendo assim, também aqui é uma espécie de automatismo que nos faz rir. E um automatismo bastante próximo da simples diversão. Para se convencer disso, basta observar que, em geral, uma personagem é cômica na medida mesma em que não se reconhece enquanto tal. O cômico é inconsciente. Como se ele usasse o anel de Gyges ao contrário, ele se torna invisível a si mesmo tornando-se visível para todos. Uma personagem de tragédia não mudará em nada sua conduta por saber como a julgamos; será capaz de perseverar nela, mesmo com a plena consciência daquilo que ela é, mesmo com o sentimento bastante claro do horror que nos inspira. Mas um defeito ridículo, desde que ele se sinta ridículo, tenta se modificar, ao menos exteriormente. Se Harpagão nos visse rir de sua avareza, não digo que se corrigiria, mas a mostraria menos, ou a mostraria de outro modo. E é sobretudo nesse sentido, digamos desde já, que o riso "castiga os costumes". Ele faz com que de imediato tentemos parecer aquilo que deveríamos ser, o que, sem dúvida, acabaremos um dia por ser verdadeiramente.

Por ora, é inútil nos estendermos mais nesta análise. Do homem que corre e cai ao ingênuo que é enganado, do engano à distração, da distração à exaltação, da exaltação às diversas deformações da vontade e do caráter, acabamos de seguir o progresso pelo qual o cômico se instala cada vez mais profundamente em uma pessoa, sem deixar, no entanto, de sugerir, nas suas manifestações mais sutis, algo que percebíamos nas formas mais grosseiras, um efeito de automatismo e de rigidez. Podemos assim obter uma primeira visão – é verdade que tomada à distância e ainda vaga e confusa – do lado risível da natureza humana e da função mais comum do riso.

O que a vida e a sociedade exigem de cada um de nós é uma atenção constantemente alerta, capaz de discernir os contornos da situação presente, e também certa elasticidade do corpo e do espírito, pela qual possamos nos adaptar a ela. *Tensão* e *elasticidade*, eis duas forças complementares entre si, colocadas em ação pela vida. O corpo carece em grande medida delas? Seguem-se os acidentes de todos os tipos, as deformidades, a doença. Faltam ao espírito? Seguem-se todos os graus de pobreza psicológica, todas as variações da loucura. Ao caráter, por fim? Temos as profundas inadaptações à vida social, fonte de miséria e, por vezes, de crime. Uma vez descartadas estas inferioridades que comprometem profundamente a existência (e elas tendem a ser eliminadas naquilo que chamamos da luta pela vida), a pessoa pode viver, e viver em comunidade com outras pessoas. Mas a sociedade pede ainda mais. Não basta viver; é preciso viver bem. Agora, o que ela teme é que cada um de nós, satisfeito em estar atento ao que é essencial à vida, se deixe levar, quanto ao resto, pelo automatismo fácil dos hábitos adquiridos. O que ela também deve temer é que os membros que a compõem, ao invés de tenderem a um equilíbrio cada vez mais delicado entre vontades que se insinuariam cada vez mais umas nas outras, contentem-se em respeitar as condições fundamentais desse equilíbrio. Não lhe basta o acordo estabelecido entre as pessoas, ela deseja um esforço constante de adaptação recíproca. Toda rigidez de caráter, de espírito e, mesmo, do corpo será, portanto, suspeita para a sociedade, uma vez que pode ser o sinal de uma atividade que adormece e, também, de uma atividade que se isola, que tende a se afastar do centro comum ao redor do qual a sociedade gravita, de uma excentricidade, enfim. Neste caso, no entanto, a sociedade não pode intervir com uma repressão material, uma vez que ela não é atingida materialmente. Ela se vê em presença de algo que a preocupa, mas apenas enquanto sintoma – quase uma ameaça, no máximo um gesto. Será, portanto, com um simples gesto que ela responderá. O riso deve ser algo desse gênero, uma espécie de *gesto social*. Pelo temor que inspira, reprime as excentricidades, mantém em constante alerta e em contato recíproco determinadas atividades de ordem acessória que correriam o risco de se isolar e se entorpecer, dá maleabilidade, enfim, a tudo o que pode subsistir de rigidez mecânica na superfície do corpo social. Sendo assim, na medida em que persegue (inconscientemente e, mesmo, imoralmente, em muitos casos específicos) o objetivo útil de um aperfeiçoamento geral, o riso não provém da estética pura. Possui, no entanto, algo de estético, uma vez que o cômico nasce no momento preciso em que a sociedade e os indivíduos, livres dos cuidados com sua conservação, começam a se tratar a si mesmos como obras de arte. Em uma palavra, se traçarmos um círculo ao redor das ações e disposições que comprometem a vida individual ou social e que se corrigem a si mesmas por suas consequências naturais, resta, para além desse terreno de emoção e de luta, em uma zona neutra na qual o homem se dá simplesmente em espetáculo ao homem, uma certa rigidez do corpo, do espírito e do caráter, que a sociedade gostaria ainda de eliminar para obter de seus membros a maior elasticidade e a mais alta sociabilidade possíveis. Essa rigidez é o cômico e o riso é sua correção.

Evitemos, no entanto, pedir a esta fórmula simples uma explicação imediata de todos os efeitos cômicos. Sem dúvida ela convém a casos elementares, teóricos, perfeitos, nos quais o cômico aparece sem qualquer mistura. Mas o que desejamos, sobretudo, é fazer dela o *leitmotiv* que acompanhará todas as nossas explicações. É preciso tê-la sempre em mente sem, no entanto, insistir nela demasiadamente – um pouco como o bom esgrimista deve pensar nos movimentos descontínuos aprendidos nas aulas enquanto seu corpo se abandona à continuidade do golpe. Daqui em diante, será a continuidade mesma das formas cômicas que procuraremos restabelecer, retomando o fio que vai das caretas do palhaço aos jogos mais refinados das comédias, seguindo este fio nas suas reviravoltas quase sempre imprevistas, parando de quando em quando para olhar ao nosso redor, ascendendo, enfim, quando possível, ao ponto em que o fio é suspenso e no qual, talvez, nos apareça – uma vez que o cômico balança entre a vida e a arte – a relação geral entre a arte e a vida.

III

Comecemos pelo mais simples. O que é uma fisionomia cômica? Como se explica o ridículo de uma expressão facial? E o que nela distingue o ridículo do feio? Colocada deste modo, a questão só pode ser respondida arbitrariamente. Pois, por mais simples que pareça ser, é suficientemente sutil para que se deixe abordar assim, de chofre. Será preciso começar por definir a feiura para depois procurar o que o cômico lhe acrescenta. Ora, a feiura não é mais fácil de analisar do que a beleza. Sendo assim, experimentaremos aqui um artifício do qual nos serviremos frequentemente. Radicalizaremos o problema intensificando, por assim dizer, seu efeito, até tornar sua causa visível. Exageremos, portanto, a feiura, levando-a até a deformidade, e vejamos como passar do disforme ao ridículo.

É incontestável que certas deformidades mantêm em relação a outras o triste privilégio de, em certos casos, provocar o riso. Inútil aqui entrar em maiores detalhes. Peçamos apenas ao leitor que passe em revista as diversas deformidades e que, em seguida, as divida em dois grupos, de um lado aquelas que a natureza orientou na direção do risível, do outro, aquelas que dele se separam absolutamente. Acreditamos que ele chegará a seguinte lei: *Pode se tornar cômica toda deformidade que uma pessoa bem conformada for capaz de imitar.*

Não seria por isto que o corcunda parece um homem que tem má postura? É como se suas costas tivessem adquirido um mau hábito. E, por obstinação material, por rigidez, ele tivesse persistido no hábito contraído. Procure ver apenas com os olhos. Não reflita e sobretudo não raciocine. Esqueça-se do adquirido; busque a impressão ingênua, imediata, original. Será justamente uma visão deste gênero que você encontrará. Terá diante de si um homem que quis se enrijecer em uma determinada atitude e, se podemos dizer assim, fazer careta com o próprio corpo.

Voltemos então ao ponto que queremos esclarecer. Atenuando a deformidade risível deveremos obter a feiura cômica. E, nesse sentido, uma expressão facial risível será aquela que fará pensar em algo enrijecido, por assim dizer congelado na mobilidade habitual da fisionomia. Um tique consolidado, uma careta permanente, eis o que veremos ali. Dirão que toda expressão facial comum, mesmo graciosa e bela, nos dá esta mesma impressão de uma compleição contraída para sempre? Mas há, aqui, uma importante distinção a ser feita. Quando falamos de uma beleza ou mesmo de uma feiura expressivas, quando dizemos que um rosto tem uma determinada expressão, ainda que possa se tratar de uma expressão estável, nela pressentimos a mobilidade. Ela conserva, em sua fixidez, uma indecisão na qual se esboçam confusamente todas as nuances possíveis do estado de alma que expressa: assim como se pode pressentir, em certas manhãs vaporosas de primavera, as cálidas promessas do dia. Mas uma expressão facial cômica é aquela que não promete nada mais do que dá. Trata-se de uma careta única e definitiva. Diríamos que toda a vida moral da pessoa se cristalizou nesse sistema. E é por isso que um rosto é tanto mais cômico quanto mais ele nos sugere a ideia de alguma ação simples, mecânica, na qual a personalidade seria completamente absorvida. Há rostos que parecem ocupados em chorar indefinidamente, outros em rir ou assobiar, outros em soprar eternamente um trompete imaginário. Estes são os rostos mais cômicos que existem. Neles também se verifica a lei segundo a qual o efeito é tanto mais cômico quanto mais naturalmente explicamos sua causa. Automatismo, rigidez, compleição adquirida e conservada, eis o que nos faz rir em uma fisionomia. Efeito que ganha ainda mais intensidade quando podemos relacionar essas características com uma causa profunda, uma certa *distração fundamental* da pessoa, como se a alma se deixasse fascinar, hipnotizar pela materialidade de uma ação simples.

Compreenderemos então o cômico da caricatura. Por mais regular que seja uma fisionomia, por mais harmoniosas que consideremos suas linhas, graciosos seus movimentos, seu equilíbrio nunca é absolutamente perfeito. Sempre poderemos discernir a indicação de um tique que se anuncia, o esboço de uma possível careta, enfim, uma deformação naturalmente acentuada. A arte do caricaturista consiste em apreender esse movimento, por vezes imperceptível, e torná-lo visível a todos, exagerando-o. Ele dá a seus modelos as caretas que eles próprios fariam. Adivinha, sob as harmonias superficiais da forma, as revoltas profundas da matéria. Realiza as desproporções e deformações que devem existir na natureza enquanto veleidades, mas que não puderam se realizar, rechaçadas por uma força melhor. Sua arte, que tem algo de diabólico, ressalta o demônio que abateu o anjo. Sem dúvida, trata-se de uma arte que exagera e, no entanto, a definimos muito mal quando lhe atribuímos o exagero como objetivo, pois há caricaturas mais fiéis do que retratos, caricaturas nas quais o exagero é quase imperceptível e, inversamente, pode-se exagerar até o extremo sem obter um verdadeiro efeito de caricatura. Para que o exagero seja cômico, é preciso que ele não apareça como finalidade, mas como um simples meio de que se serve o desenhista para tornar manifestos aos nossos olhos as contorções que ele vê se prepararem na natureza. É essa contorção que importa, é ela que interessa. E é por isso que se vai buscá-la até nos elementos da fisionomia incapazes de movimento, na curva de um nariz, ou mesmo na forma de uma orelha. Pois a forma é, para nós, o esboço de um movimento. O caricaturista que altera o tamanho de um nariz, mas que respeita sua forma, que o alonga, por exemplo, no sentido mesmo em que a natureza o alongara, está, na verdade, fazendo com que este nariz realize uma careta. A partir de então o original nos parecerá, ele também, querer se alongar e fazer caretas. Nesse sentido, podemos dizer que a própria natureza muitas vezes obtém sucessos de caricaturista. No movimento pelo qual ela cortou esta boca, retraiu este queixo, inflou esta bochecha, parece que conseguiu realizar sua careta, ludibriando a supervisão moderadora de uma força mais racional. Rimos então de uma fisionomia que é, por assim dizer, sua própria caricatura.

Em resumo, qualquer que seja a doutrina adotada pela nossa razão, nossa imaginação tem sua filosofia muito bem definida. Em toda forma humana ela percebe o esforço de uma alma que modela a matéria, alma infinitamente flexível, eternamente móvel, desprovida de qualquer peso por não se ver atraída pela terra. A alma comunica algo desta leveza alada ao corpo que ela anima. A imaterialidade, que deste modo passa para a matéria, é o que chamamos de graça. Mas a matéria resiste e se obstina. Ela a puxa para si, quer converter à sua própria inércia e fazer degenerar em automatismo a atividade sempre desperta desse princípio superior. Deseja fixar os movimentos inteligentemente variáveis do corpo em tiques estupidamente contraídos, solidificar em caretas duradouras as expressões mutáveis da fisionomia, enfim, imprimir na pessoa como um todo uma atitude pela qual ela pareça mergulhada e absorvida na materialidade de alguma ocupação mecânica, ao invés de se renovar incessantemente no contato com um ideal vivo. Ali onde a matéria tem sucesso em adensar exteriormente a vida da alma, em fixar o movimento, em ir, enfim, contra a graça, ela obtém do corpo um efeito cômico. Se, portanto, quisermos definir o cômico aproximando-o do seu contrário, devemos opô-lo à graça mais do que à beleza. Ele é mais rigidez do que feiura.

IV

Passemos do cômico das *formas* para o dos gestos e movimentos. Enunciemos desde já a lei que nos parece governar os fatos desse tipo. Ela se deduz facilmente das considerações que acabamos de ler.

As atitudes, gestos e movimentos do corpo humano são risíveis na exata medida em que seus corpos nos fazem pensar em um simples mecanismo.

Não seguiremos essa regra nos detalhes de sua aplicação imediata. Eles são inumeráveis. Para verificá-la diretamente basta estudar de perto a obra dos desenhistas cômicos, deixando de lado o caráter caricatural, do qual já demos uma explicação particular, e também negligenciando o aspecto cômico que não é inerente ao próprio desenho. Pois, não nos deixemos enganar, muitas vezes o cômico do desenho é um cômico tomado emprestado da literatura. Quer dizer, o desenhista pode fazer as vezes de um autor satírico, de um autor de *vaudeville*, e do que rimos, assim, é muito menos dos próprios desenhos do que da sátira ou da cena de comédia que ali encontramos representadas. Mas se nos ativermos ao desenho com a firme disposição de só pensar no desenho, creio que perceberemos que o desenho é cômico, quase sempre, na medida da nitidez, e também da distinção, com as quais nos faz ver o homem como uma marionete. Tal sugestão deve ser bastante clara. Devemos perceber nitidamente, de modo transparente, um mecanismo desmontável no interior da pessoa. Mas é preciso também que a sugestão seja discreta, e que o conjunto da pessoa, que teve cada um de seus membros enrijecido como peça mecânica, continue a nos dar a impressão de um ser vivo. O efeito cômico é tanto mais apreensível, a arte do desenhista é tanto mais realizada, quanto mais essas duas imagens, a de uma pessoa e a de um mecanismo forem mais exatamente inseridas uma na outra. Nesse sentido, a originalidade de um desenhista cômico poderá se definir pelo tipo particular de vida que ele comunica a uma simples marionete.

Deixaremos de lado, entretanto, as aplicações imediatas do princípio para insistirmos apenas em suas consequências mais longínquas. A visão de um mecanismo que funcionaria no interior de uma pessoa é algo que perpassa uma grande quantidade de efeitos engraçados; mas trata-se quase sempre de uma visão fugidia, que imediatamente se perde no riso que provoca. É preciso um esforço de análise e de reflexão para fixá-la.

Eis, por exemplo, em um orador, o gesto que rivaliza com a palavra. Invejoso da palavra, o gesto corre atrás do pensamento e quer, ele também, servir de intérprete. Que assim seja. Mas que então ele se restrinja a seguir o pensamento no detalhe de suas evoluções. A ideia é coisa que brota, cresce, floresce, morre, do começo ao fim do discurso. Ela nunca para, nunca se repete. É preciso que mude a cada instante, pois deixar de mudar será deixar de viver. Que o gesto se anime, portanto, como ela! Que aceite a lei fundamental da vida, que é a de não se repetir jamais! Mas eis que um determinado movimento do braço ou da cabeça, sempre o mesmo, parece se repetir periodicamente. Se o noto, se ele chega a me distrair, se o espero, e se ele chega quando eu o espero, involuntariamente vou rir. Por quê? Porque a partir de então terei diante de mim um mecanismo que funciona automaticamente. Não se trata mais da vida, mas de um mecanismo instalado na vida e que imita a vida. Trata-se do cômico.

Eis porque gestos dos quais nunca riríamos tornam-se risíveis quando outra pessoa os imita. Encontraram-se explicações bastante complicadas para esse fato muito simples. Por pouco que reflitamos, no entanto, veremos que nossos estados de alma mudam a cada instante, e que se nossos gestos seguirem fielmente nossos movimentos interiores, se viverem como vivemos, nunca se repetirão e, por isso mesmo, serão um desafio para qualquer imitação. Só começamos, portanto, a nos tornar imitáveis, quando deixamos de ser nós mesmos. Isso significa que nossos gestos só podem ser imitados naquilo que eles têm de mecanicamente uniforme e, nesse sentido, estranho à nossa personalidade viva. Imitar alguém é extrair a parte de automatismo que ele deixou introduzir em sua pessoa. É, assim, por definição, torná-lo cômico. Pelo que não é de se estranhar que a imitação faça rir.

Mas se a imitação dos gestos já é risível por si mesma, ela o será ainda mais quando se esforçar para incliná-los, sem os deformar, no sentido de alguma operação mecânica; a de serrar a madeira, por exemplo, ou bater em uma bigorna, ou puxar infatigavelmente a corda de um sino imaginário. Não porque a vulgaridade seja a essência do cômico (ainda que ela de algum modo também faça parte dele), mas sobretudo porque o gesto percebido parece mais maquinal quando podemos relacioná-lo a uma operação simples, como se ele fosse mecânico de propósito. Sugerir essa interpretação mecânica deve ser um dos processos favoritos da paródia. Acabamos de deduzir *a priori* o que, sem dúvida, os palhaços já intuíram há bastante tempo.

Desse modo se resolve o pequeno enigma proposto por Pascal em uma passagem de seus *Pensamentos*: "Dois rostos semelhantes, que individualmente não fazem rir, fazem rir juntos pela semelhança".[15] Diríamos o mesmo: "Os gestos de um orador, que não são risíveis individualmente, fazem rir por sua repetição." É que a vida bem viva não deve se repetir. Onde há repetição, similitude completa, pressentimos o mecânico funcionando por traz do vivo. Analise sua impressão diante de dois rostos que se parecem muito. Você perceberá que está pensando em dois exemplares tirados de um mesmo molde, ou em duas impressões do mesmo selo, ou duas reproduções do mesmo clichê, enfim, em um procedimento de fabricação industrial. Tal inflexão da vida na direção do mecânico é, neste caso, a verdadeira causa do riso.

E o riso será ainda mais forte se não nos apresentarmos uma cena com apenas dois personagens, como no exemplo de Pascal, mas vários, com o maior número possível, todos semelhantes entre si, que vão e vem, dançam, passeiam juntos, assumindo ao mesmo tempo as mesmas atitudes, gesticulando do mesmo modo. Neste caso pensamos ainda muito mais claramente em marionetes. Fios invisíveis parecem ligar braços a braços, pernas a pernas, cada músculo de uma fisionomia ao músculo análogo de outra. A inflexibilidade da correspondência faz com que a própria maleabilidade das formas se solidifique diante de nossos olhos e que tudo enrijeça mecanicamente. Tal o artifício dessa diversão um tanto grosseira. Os que a executam talvez não tenham lido Pascal, mas certamente chegaram às ultimas consequências de uma ideia sugerida no texto de Pascal. E se a causa do riso é a visão de um efeito mecânico, no segundo caso, ela já o deveria ser, ainda que mais sutilmente, no primeiro.

Seguindo por esse caminho, percebemos confusamente consequências cada vez mais longínquas, cada vez mais importantes também, da lei que acabamos de colocar. Pressentimos visões ainda mais fugidias de efeitos mecânicos, visões sugeridas por ações complexas do homem e não simplesmente por seus gestos. Adivinhamos que os artifícios usuais da comédia, a repetição periódica de uma palavra ou de uma cena, a intervenção simétrica de papéis, o desenvolvimento geométrico dos quiproquós, podem derivar sua força cômica da mesma fonte. Pelo que, talvez, a arte do comediante seja a de nos apresentar uma articulação visivelmente mecânica dos acontecimentos humanos, conservando deles um aspecto exterior de verossimilhança, quer dizer, a flexibilidade aparente da vida. Mas não antecipemos resultados que o progresso da análise deverá extrair metodicamente.

---

15. Cf. B. Pascal, *Pensées*, 1670 (publ. póst.), frag. 11.

V

Antes de seguir adiante, paremos por um momento e olhemos ao nosso redor. Como já sugerimos no início desse trabalho, em vão procuraríamos tirar todos os efeitos cômicos de uma única e simples fórmula. É certo que a fórmula existe em um sentido bem determinado, no entanto, ela não se desenvolve de modo regular. Isso significa que a dedução deve se ater, de tempos em tempos, em torno de alguns efeitos dominantes. Efeitos que, por sua vez, passam a aparecer como modelos em torno dos quais se dispõem, em círculo, novos efeitos que a eles se assemelham. Estes últimos não se deduzem da fórmula, mas são cômicos pelo parentesco com aqueles que dela são deduzidos. Citando Pascal ainda uma vez, poderíamos definir a marcha do espírito pela curva que a geometria chama de *cicloide*, curva que um ponto da circunferência de uma roda descreve quando um veículo avança em linha reta: esse ponto gira com a roda, mas também avança com o veículo.[16] Ou ainda poderíamos pensar em uma grande estrada cortada de quando em quando por cruzamentos ou rotatórias: a cada cruzamento contornaremos uma rotatória, faremos o reconhecimento das vistas que então se abrem, para em seguida voltarmos à direção anterior. Estamos em uma destas rotatórias. *O mecânico sobreposto ao vivo,* eis um cruzamento no qual é preciso parar, imagem central da qual a imaginação se propaga por direções divergentes. Que direções são estas? Percebemos três principais. Seguiremos uma depois da outra, para em seguida retomarmos nosso caminho em linha reta.

I. Inicialmente, esta visão da inserção do mecânico no vivo nos direciona para a imagem mais vaga de uma rigidez *qualquer* aplicada à mobilidade da vida, tentando desajeitadamente seguir suas linhas e imitar sua flexibilidade. Nesse sentido, é fácil perceber, por exemplo, como uma roupa pode se tornar ridícula. Quase podemos afirmar que toda moda é risível em algum sentido. De fato, apenas as roupas da moda atual, com a qual estamos muito habituados, nos parecem fazer corpo com quem as veste. Nossa imaginação não os distingue, não pensamos em opor a rigidez inerte do invólucro à flexibilidade viva do objeto envolvido. O cômico, aqui, permanece em esta-

---

16. Cf. B. Pascal, *Traité de la roulette,* 1658.

do latente. Realizando-se, quando muito, no caso de uma incompatibilidade tão profunda entre invólucro e envolvido que nem mesmo uma familiaridade secular é capaz de unir solidamente. É o caso, por exemplo, da cartola. Por outro lado, pense em um excêntrico que se veste hoje como antigamente. Nossa atenção se volta para as suas roupas, as distinguimos absolutamente da pessoa, diremos que a pessoa se *disfarça* (como se toda roupa não disfarçasse), e o aspecto ridículo da moda passa então das sombras à luz.

Começamos a entrever aqui os pormenores de algumas das grandes dificuldades levantadas pelo problema do cômico. Uma das razões para que haja tantas teorias errôneas ou insuficientes sobre o riso é que muitas coisas são cômicas por direito, mas não o são de fato, uma vez que a continuidade do uso fez adormecer sua virtude cômica. É preciso uma brusca interrupção da continuidade, uma ruptura com a moda, para que esta virtude se revele. Passamos então a acreditar que tal interrupção da continuidade faz nascer o cômico, quando, na verdade, ela apenas nos faz notá-lo. Explicaremos o cômico pela surpresa, pelo contraste etc. Definições que igualmente se aplicariam a um grande número de casos dos quais não temos nenhuma vontade de rir. A verdade não é tão simples.

Mas eis que chegamos à ideia de disfarce. Como acabamos de mostrar, ele possui, como sua competência regular, o poder de fazer rir. Não parece inútil buscar saber como o utiliza.

Por que rimos de cabelos escuros que ficam loiros? De onde vem a comicidade de um nariz rubicundo? E por que se ri de um negro? Questões aparentemente embaraçosas tanto mais quando psicólogos como Hecker, Kraepelin, Lips as colocaram e responderam de modo diverso. Chego a crer, no entanto, que um dia destes, na rua, elas foram resolvidas diante de mim por um simples cocheiro que tratou de "mal lavado" um passageiro negro acomodado em seu carro. Mal lavado! Um rosto negro seria, portanto, para nossa imaginação, um rosto sujo de tinta ou de fuligem. E, consequentemente, um nariz vermelho só poderia ser um nariz sobre o qual passamos uma demão de carmim. Eis, portanto, que o disfarce transmitiu algo de sua virtude cômica para casos em que não mais nos disfarçamos, mas nos quais poderíamos ter nos disfarçado. Há pouco, vimos que a roupa habitual, mesmo sendo distinta da pessoa que a veste, nos parece fazer corpo com ela porque estamos acostumados a vê-la. Agora, a coloração preta ou vermelha, mesmo sendo inerente à própria pele, é por nós considerada como artificialmente aplicada, pelo fato de nos surpreender.

Disso se segue, é verdade, uma nova série de dificuldades para a teoria do cômico. Uma proposição como "minhas roupas fazem parte de meu corpo" é absurda para a razão. No entanto a imaginação a sustenta como verdadeira. "Um nariz vermelho é um nariz pintado", "um negro é um branco disfarçado", são também absurdos para os raciocínios da razão, mas verdades bastante simples para a imaginação. Há, portanto, uma lógica da imaginação que não é a lógica da razão, que chega até mesmo a se opor a ela e que a filosofia deverá levar em conta, não apenas no estudo do cômico, mas em outras investigações de mesmo tipo. Trata-se de algo como uma lógica do sonho, de um sonho que não esteja inteiramente sob os caprichos da fantasia individual, mas que seja sonhado por toda a sociedade. Para reconstituí-la será necessário um esforço de tipo bem particular, pelo qual se suspenderá a camada exterior de juízos bem definidos e de ideias solidamente estabelecidas, para ver correr no fundo de si mesmo, como um lençol de água subterrâneo, certa continuidade fluida de imagens que entram umas nas outras. Interpenetração de imagens que não ocorre por acaso, mas obedece a leis ou, sobretudo, a hábitos, que são para a imaginação aquilo que a lógica é para o pensamento.

Sigamos, portanto, esta lógica da imaginação no caso particular que nos ocupa. Um homem que se disfarça é cômico. Um homem que achamos que está disfarçado também é cômico. Por extensão, todo disfarce se tornará cômico, não apenas o do homem, mas também da sociedade e, mesmo, da natureza.

Comecemos pela natureza. Rimos de um cachorro metade tosado, de um canteiro com flores coloridas artificialmente, de um bosque cujas árvores estão cobertas de propagandas eleitorais etc. Procure o motivo. Verá que pensamos em um baile de máscaras. Mas o cômico aqui está bem atenuado, muito longe de sua fonte. Queremos reforçá-lo? É preciso remontar à sua própria fonte, levar a imagem derivada, a do baile de máscaras, de volta à imagem primitiva, que era, como nos lembramos, a de uma falsificação mecânica da vida. Uma natureza falsificada mecanicamente, eis então um motivo francamente cômico, sobre o qual a fantasia poderá executar variações com a certeza de obter o sucesso de uma boa gargalhada. Lembramos da engraçadíssima passagem de *Tartarin nos Alpes* em que Bompard impõe a Tartarin (e, consequentemente, um pouco aos leitores também) a ideia de uma Suíça mecanizada como os bastidores da Ópera de Paris, explorada por uma companhia que nela coloca cascatas, geleiras e falsos abismos.[17] Encontramos o mesmo motivo, ainda que em um tom totalmente diferente, nas *Novel notes* do humorista inglês Jerome K. Jerome. Uma velha castelã, que não quer ter muito trabalho com suas obras de caridade, instala nas proximidades de sua moradia ateus, que lhe arranjam às pressas, para serem convertidos, gente de bem que se faz passar por bêbados, para que ela possa curar de seus vícios etc.[18] Há ditos de espírito nos quais encontramos a ressonância longínqua deste mesmo motivo, misturado a uma ingenuidade, sincera ou fingida, que lhe serve de acompanhamento. Por exemplo, as palavras da dama que o astrônomo Cassini convidou para ver um eclipse da lua e que chega atrasada: "M. Cassini não se incomodará em recomeçar para mim, pois não?", ou ainda esta exclamação de um personagem de Gondinet, ao chegar a uma cidade e tomar conhecimento de que há um vulcão extinto nos arredores: "Eles tinham um vulcão e o deixaram extinguir-se!".

Passemos à sociedade. Vivendo nela, vivendo por ela, não podemos deixar de tratá-la como um ser vivo. Pelo que será ridícula uma imagem que evoque a ideia de uma sociedade que se disfarça, ou seja, a ideia de um baile de máscaras do qual participe toda a sociedade. Ora, esta ideia se forma desde que percebemos o inerte, o pronto, o acabado na superfície da sociedade viva. Trata-se ainda da rigidez que destoa da flexibilidade interior da vida. Por isto mesmo, todo o lado cerimonioso da vida social contém um cômico latente, que está apenas à espera de uma ocasião para vir à tona. Podemos dizer que as cerimônias são para o corpo social o que as vestimentas são para os corpos individuais. Devem sua gravidade ao fato de se identificarem para nós com os objetos sérios aos quais foram unidas pelo uso. Perdem tal gravidade desde que nossa imaginação as isole. Sendo assim, para uma cerimônia se tornar cômica, basta que nossa atenção se concentre no que ela tem de propriamente cerimoniosa, e que negligenciemos sua matéria, como dizem os filósofos, para só pensarmos em sua forma. Inútil insistir neste ponto. Todos sabem com que facilidade a verve cômica se exerce nos atos sociais formalizados, desde uma simples premiação até uma sessão de tribunal. Quantas forem as formas e as fórmulas, tantos serão os quadros prontos nos quais o cômico irá se inserir.

---

17. Cf. Daudet, A. *Tartarin sur les Alpes: nouveaux exploits du héros tarasconnais*, Paris, Fayard, 1901, cap. 1, p. 49.

18. Cf. Jerome, K. *Nouvel notes*, Leipzig, Bernhard Tauchnitez, 1894, cap. III.

Mas aqui também é possível acentuar o efeito cômico aproximando-o ainda mais de sua origem. Da ideia de disfarce, que é derivada, podemos remontar à ideia primitiva, aquela de um mecanismo sobreposto à vida. A forma compassada de todo cerimonial já nos sugere uma imagem desse tipo. Desde que esqueçamos o objeto grave de uma solenidade ou de uma cerimônia, aqueles que fazem parte dela nos parecem se mover como marionetes. Sua mobilidade se regra pela imobilidade de uma fórmula. Trata-se de automatismo. Mas o automatismo perfeito será, por exemplo, o do burocrata que funciona como simples máquina ou então a inconsciência de um regulamento administrativo que é aplicado com uma fatalidade inexorável e considerado como uma lei da natureza. Há já alguns anos um transatlântico naufragou próximo a Dieppe. Alguns passageiros, em meio a grandes dificuldades, conseguiram se salvar em um bote. Os aduaneiros, que agiram com muita coragem, iniciaram o resgate perguntando aos náufragos "se eles tinham alguma coisa a declarar". Vejo algo de análogo, ainda que a ideia seja mais sutil, nas palavras de um deputado que se dirige ao ministro, na manhã seguinte a um crime cometido em uma ferrovia: "O assassino, depois de ter matado sua vítima, deve ter descido do trem na contramão, violando os regulamentos da administração".

Um mecanismo inserido na natureza, uma regulamentação automática na sociedade, eis os dois tipos de efeitos cômicos aos quais chegamos. Para concluir, resta combinar um ao outro e ver o que disso resulta.

Evidentemente o resultado desta combinação será a ideia de uma regulamentação humana que substitua as próprias leis da natureza. Lembramos da resposta de Sganarello a Gerôncio quando este lhe diz que o coração fica do lado esquerdo e o fígado do lado direito: "Sim, antigamente era assim, mas mudamos tudo isso e agora fazemos medicina de um modo totalmente novo."[19] E a consulta dos dois médicos de M. de Pourceaugnac: "O raciocínio que fizestes a seu respeito é tão douto e tão belo que é impossível que o doente não seja melancólico hipocondríaco; e se ele não o for, será preciso que se torne, pela beleza do que haveis dito e pela justeza de vossos raciocínios."[20] Poderíamos multiplicar os exemplos; basta que façamos desfilar diante de nós, um depois do outro, todos os médicos de Molière. Mas por mais longe que pareça ir a fantasia cômica neste caso, a realidade

---

19. Cf. Molière, *Le médecin malgré lui*, Ato III, cena 4.
20. Cf. Molière, *Monsieur de Pourceaugnac*, Ato I, cena 8.

por vezes se encarrega de superá-la. Um filósofo contemporâneo, excelente argumentador, ao qual se observou que seus raciocínios irretocavelmente deduzidos tinham a experiência contra eles, colocou um fim na discussão com estas simples palavras: "A experiência estava errada". De fato, a ideia de regulamentar administrativamente a vida é mais difundida do que pensamos; ela é natural à sua maneira, ainda que venhamos a obtê-la por um procedimento de recomposição. Poderíamos dizer que ela nos dá a quintessência mesma do pedantismo, que não é outra coisa, no fundo, do que o artifício que pretende se sobrepor à natureza.

Em resumo, o mesmo efeito vai se tornando cada vez mais sutil, desde a ideia de uma mecanização artificial do corpo humano, se assim podemos dizer, até a de qualquer substituição do natural pelo artificial. Uma lógica cada vez menos estrita, que se assemelha cada vez mais à lógica dos sonhos, transporta a mesma relação a esferas cada vez mais altas, entre termos cada vez mais imateriais, terminando por fazer daquilo que um regulamento administrativo é para uma lei natural, por exemplo, o que uma roupa feita é para um corpo vivo. Das três direções nas quais deveríamos nos engajar, seguimos a primeira até o fim. Passemos à segunda e vejamos aonde ela nos levará.

II. O mecânico sobreposto ao vivo ainda é o nosso ponto de partida. O que havia de cômico nisto? O fato de os corpos vivos enrijecerem-se como máquinas. Pois parecia que os corpos vivos deviam ter uma flexibilidade perfeita, a atividade sempre desperta de um princípio sempre ativo. Atividade que, em realidade, pertenceria muito mais à alma do que ao corpo. Ela seria a própria chama da vida, alimentada em nós por um princípio superior, e percebida através do corpo por um efeito de transparência. Quando vemos em um corpo apenas graça e agilidade é porque negligenciamos o que ele tem de pesado, de resistente, de material enfim; esquecemos de sua materialidade para pensarmos apenas em sua vitalidade, vitalidade que nossa imaginação atribui ao próprio princípio da vida intelectual e moral. Mas suponhamos que chamem nossa atenção para esta materialidade do corpo. Suponhamos que ao invés de participar dessa leveza do princípio que o anima, o corpo seja para os nossos olhos apenas um invólucro pesado e constrangedor, lastro inoportuno que retém na terra uma alma impaciente em deixar o solo. Então o corpo se tornará para a alma o que as roupas sempre foram para o próprio corpo, uma matéria inerte colocada sobre uma energia viva. E a impressão de comicidade se produzirá assim que tivermos o sentimento nítido dessa sobreposição. E nós o teremos, sobretudo, quando nos mostrarem a alma perturbada pelas necessidades do corpo – de um lado, a personalidade moral com sua energia inteligentemente variada; de outro, o corpo estupidamente monótono, intervindo e interrompendo com sua obstinação de máquina. Quanto mais mesquinhas e uniformemente repetidas forem essas exigências do corpo, tanto mais aparente será o efeito. Mas uma vez que estas são apenas diferenças de grau, a lei geral desses fenômenos pode ser formulada do seguinte modo: *É cômico qualquer incidente que chama nossa atenção para o físico de uma pessoa quando é o moral que está em causa.*

Por que rimos de um orador que dá um espirro no momento mais dramático de seu discurso? O que há de cômico nesta frase de uma oração fúnebre, citada por um filósofo alemão: "Ele era virtuoso e muito gordo"? Justamente o fato de nossa atenção ser bruscamente desviada da alma para o corpo. Os exemplos se multiplicam no cotidiano. Mas se não quisermos nos dar ao trabalho de procurá-los, basta abrir ao acaso um volume de Labiche. Não raro recairemos em efeitos deste tipo. Aqui um orador que tem seus belos períodos cortados pelas pontadas de uma dor de dente,[21] ali uma personagem que sempre se interrompe para queixar-se de seus sapatos justos ou de seu cinto muito apertado etc.[22] Uma personagem que tem um corpo que atrapalha, eis a imagem que nos é sugerida nesses exemplos. Se a obesidade excessiva é risível, sem dúvida é por evocar uma imagem semelhante. O que, por vezes, também torna a timidez um pouco ridícula. O tímido pode dar a impressão de uma pessoa embaraçada com o seu corpo, e que procura ao redor de si um lugar para depositá-lo.

É por isso que o poeta trágico tem o cuidado de evitar tudo que possa chamar a atenção sobre a materialidade de seus heróis. Sempre que a preocupação com o corpo intervém, deve-se temer uma infiltração cômica. E por isso os heróis das tragédias não bebem, não comem, não sentem calor. E, na medida do possível, não se sentam. Sentar-se, no meio de uma fala, seria se lembrar de que temos um corpo. Napoleão, que tinha seus momentos de psicólogo, observou que passamos da tragédia para a comédia pelo

---

21. Cf. Labiche, *La cagnotte*, Ato I, cena 8.
22. Referência, respectivamente, à personagem de Nonancourt, em *Un chapeau de paille d'Italie*, de Labiche, Ato IV, cenas 5, 7 e 10; e à personagem de Cordenbois, em *La Gagnotte*, Ato V, cena 2.

simples fato de nos sentarmos. Eis como ele se exprime a esse respeito no *Diário inédito* do barão de Gourgaud (a respeito de uma entrevista com a rainha da Prússia, depois de Iena): "Recebeu-me com um tom trágico de Ximena: Majestade, justiça! Justiça! Magdeburgo! Continuava ela nesse tom que me incomodava extremamente! Enfim, para fazê-la mudar, pedi- -lhe que se sentasse. Nada melhor para por fim a uma cena trágica, pois, quando nos sentamos, ela se transforma em comédia." [23]

Ampliemos agora esta imagem de *um corpo dominando a alma*. Iremos obter algo de mais geral: *a forma querendo se impor ao fundo, a letra discordando do espírito*. Não seria esta ideia que a comédia quer nos sugerir quando ridiculariza uma profissão? Ela faz falar o advogado, o juiz, o médico como se a saúde e a justiça tivessem pouca importância; o que importa são os médicos, os advogados e os juízes, e que as formalidades exteriores da profissão sejam escrupulosamente respeitadas. É assim que o meio substitui os fins, a forma o fundo, e a profissão não é feita mais para as pessoas, mas as pessoas para a profissão. A constante preocupação com a forma, a aplicação mecânica das regras cria uma espécie de automatismo profissional, comparável àquele que os hábitos do corpo impõem à alma e tão risível quanto este. Há inúmeros exemplos disto no teatro. Sem entrar nos detalhes das variações executadas sobre o tema, citemos duas ou três passagens em que o próprio tema é definido em toda sua simplicidade: "Só somos obrigados a tratar as pessoas dentro do previsto", diz Diafoirus em *O doente imaginário*.[24] E Bahis, em *O amor médico*: "É melhor morrer segundo as regras do que curar-se contra as regras". "É preciso guardar as formalidades, aconteça o que acontecer", já dizia Desfonandres na mesma comédia. E Tomes, seu compadre, lhe dava razão: "Um homem morto é só um homem morto, mas uma formalidade negligenciada traz imenso prejuízo a todo corpo médico." [25] A frase de Brid'oison, ainda que contenha uma ideia um pouco diferente, não é menos significativa: "Ah, a forma, vês, a forma. Todos riem de um juiz de casaca curta, que treme só de ver um procurador de beca. Ah, a forma, a forma!".[26]

---

23. Cf. Gal. Gaspar Gourgaud, *Sainte-Hélène: journal inédit de 1815 a 1818*, Paris, Flammarion, 1899, 2 v.

24. Cf. Molière, *Le malade imaginaire*, Ato II, cena 5.

25. Cf. Molière, *L'amour médecin*, respectivamente, Ato II, cena 5; Ato II, cena 4.

26. Cf. Beaumarchais, *La folle journée, ou le mariage de Figaro*, Ato III, cena 14.

Apresenta-se então a primeira aplicação de uma lei que se tornará cada vez mais clara à medida que avancemos no trabalho. Quando um músico toca uma nota em um instrumento, outras notas surgem por si mesmas, menos sonoras do que a primeira, ligadas a ela por certas relações definidas e que, ao se adicionarem a ela, lhe imprimem seu timbre. São, como dizemos em física, os harmônicos do som fundamental. Não poderíamos dizer que a fantasia cômica, até em suas invenções mais extravagantes, obedece a uma lei desse tipo? Considere, por exemplo, esta nota cômica: a forma querendo se impor ao fundo. Se nossas análises estão certas, ela deve ter o seguinte harmônico: o corpo incomodando o espírito, sobrepondo-se ao espírito. Sendo assim, desde que o poeta cômico dê a primeira nota, instintivamente e involuntariamente uma segunda irá se sobrepor a ela. Em outras palavras, *ele duplicará com algum ridículo físico o ridículo profissional.*

Não é verdade que quando o juiz Brid'oison entra em cena gaguejando ele já nos prepara, com o seu gaguejar, para a compreensão do fenômeno de embrutecimento intelectual com a qual vai nos brindar?[27] Que parentesco secreto uniria esse defeito físico a esta restrição moral? Talvez esta máquina de julgar nos apareça ao mesmo tempo como uma máquina de falar. Em todo caso, nenhum outro harmônico completaria tão bem o som fundamental.

Quando Molière nos apresenta os dois médicos ridículos de *O amor médico*, Bahis e Macroton, ele faz um deles falar muito lentamente, escandindo seu discurso sílaba por sílaba, enquanto o outro atropela as palavras.[28] Mesmo contraste entre os dois advogados de *M. de Pourceaugnac.*[29] Na maioria das vezes é no ritmo das palavras que reside a singularidade física destinada a completar o ridículo profissional. E, onde o autor não indicou um defeito deste gênero, é raro que o ator não o componha por simples instinto.

Há, portanto, um parentesco natural, naturalmente reconhecido, entre estas duas imagens que aproximamos uma da outra, o espírito imobilizando-se em determinadas formas, o corpo enrijecendo com determinados defeitos. Quer nossa atenção seja desviada do fundo para a forma, ou do moral para o físico, nos dois casos, a mesma impressão é transmitida à nossa

---

27. Cf. Beaumarchais, *Le mariage de Figaro*, Ato III, cena 12.
28. Cf. Molière, *L'amour médecin*, Ato II, cena 5.
29. Cf. Molière, *Monsieur de Pourceaugnac*, Ato II, cena 11.

imaginação; trata-se, nos dois casos, do mesmo gênero de cômico. Desejamos, aqui também, seguir fielmente uma direção natural do movimento da imaginação. Tal direção, como nos lembramos, era a segunda que se oferecia a nós a partir de uma imagem central. Uma terceira e última via permanece aberta. Nela nos engajaremos a partir de agora.

III. Voltemos então uma última vez à nossa imagem central: o mecânico sobreposto ao vivo. O ser vivo de que se trata aqui é um ser humano, uma pessoa. O dispositivo mecânico, ao contrário, é uma coisa. Portanto, se considerarmos a imagem sob este aspecto, o que faz rir é a transfiguração momentânea de uma pessoa em coisa. Passemos assim da imagem precisa de uma mecânica para a ideia mais vaga de coisa em geral. Teremos uma nova série de imagens risíveis que serão obtidas atenuando, por assim dizer, os contornos das primeiras e que nos levarão a essa nova lei: *riremos todas as vezes que uma pessoa nos der a impressão de uma coisa.*

Rimos de Sancho Pança enrolado em uma capa e lançado ao ar como um balão. Rimos do barão de Münchhausen percorrendo o espaço transformado em bala de canhão. Mas talvez alguns exercícios dos palhaços de circo nos forneçam uma verificação ainda mais precisa desta lei. É verdade que deveremos abstrair dos gracejos com que bordam seu tema principal e reter apenas o tema, quer dizer, as atitudes, cambalhotas e movimentos que são a "palhaçada" que constitui propriamente a arte do palhaço. Por duas vezes, apenas, pude observar esse gênero de cômico em seu estado puro e, nos dois casos, tive a mesma impressão. Na primeira vez, os palhaços iam e vinham trombando uns nos outros, caindo e saltando em um ritmo uniformemente acelerado, com a visível preocupação de produzir um *crescendo.* E, cada vez mais, eram os saltos que chamavam a atenção do público. Pouco a pouco nos esquecíamos de que eram homens de carne e osso. Pensávamos em pacotes quaisquer que se deixavam cair e se entrechocavam. Depois a visão tornou-se mais precisa. As formas pareceram se arredondar, os corpos se enrolar e se transformar em bolas. Enfim, surgiu a imagem para a qual toda a cena evoluía, sem dúvida inconscientemente: balões de borracha, lançados uns contra os outros em todas as direções. A segunda cena, um pouco mais grosseira, não foi menos instrutiva. Apareceram dois personagens, com cabeças enormes, totalmente calvas. Estavam armados com grandes bastões. E, alternadamente, cada um batia com seu bastão na cabeça do outro. Aqui também se observava uma gradação. A cada golpe recebido, os corpos pareciam ficar mais pesados, se petrificarem, tomados por uma rigidez crescente. A resposta chegava cada vez mais retardada, mas cada vez mais vigorosa e retumbante. As cabeças ressoavam formidavelmente na sala silenciosa. Finalmente, rígidos e lentos, retos como um I, os dois corpos tombaram um sobre o outro, os bastões se abateram uma última vez sobre as cabeças com o barulho de malhos enormes caindo sobre vigas de carvalho, e tudo se espalhou pelo chão. Nesse momento surge com toda nitidez a sugestão que os dois artistas tinham gradualmente imbuído na imaginação dos espectadores: "Nós vamos nos transformar, nós nos transformamos em bonecos de madeira maciça".

Um instinto obscuro pode, neste caso, fazer com que os espíritos mais incultos pressintam alguns dos mais sutis resultados da psicologia. Sabe-se que é possível evocar alucinações em um sujeito hipnotizado, por simples sugestão. Diremos que um pássaro está pousado em suas mãos, e ele verá um pássaro, e o verá voar. É indiferente que a sugestão sempre pareça ser aceita com igual docilidade, na maior parte das vezes o hipnotizador só consegue insinuá-la aos poucos, gradualmente. Ele partirá então de objetos realmente percebidos pelo sujeito, procurando tornar a percepção cada vez mais confusa. Depois, passo a passo, fará sair dessa confusão a forma precisa do objeto cuja alucinação ele quer criar. Do mesmo modo, muitas pessoas, quando vão dormir, veem essas massas coloridas, fluidas e informes, que ocupam o campo de visão, solidificarem-se gradativamente em objetos distintos. A passagem gradual do confuso ao distinto é, portanto, o procedimento de sugestão por excelência. Penso que o encontraremos no fundo de muitas sugestões cômicas, sobretudo no cômico grosseiro, ali onde parece se realizar sob nossos olhos a transformação de uma pessoa em coisa. Mas há outros procedimentos mais discretos, usados pelos poetas, por exemplo, que tendem talvez inconscientemente para o mesmo fim. Podemos, por certas disposições de ritmo, de rima ou de assonância, embalar nossa imaginação, levá-la do mesmo ao mesmo, por um balanço regular, e prepará-la, assim, a receber docilmente a visão sugerida. Tome estes versos de Regnard, e veja se a imagem fugidia de um boneco não lhe vem à mente:

... Plus, il doit à maints particuliers
La somme de dix mil une livre une obole,
Pour l'avoir sans relâche un an sur sa parole

Habillé, voituré, chauffé, chaussé, ganté,
Alimenté, rasé, désaltéré, porté.[30]

Não encontramos algo do mesmo tipo nesta fala de Fígaro (ainda que talvez o que se procure aqui seja sugerir a imagem de um animal mais do que de uma coisa): "Que tipo de homem ele é? Trata-se de um velhote bem apessoado, gordo, atarracado, de aspecto juvenil, cabelo engomado, astuto, barbeado, insensível, que espia e fuça e grunhe e geme, tudo ao mesmo tempo".[31]
Entre essas cenas mais grosseiras e essas sugestões sutis há espaço para uma multiplicidade infindável de efeitos cômicos – todos obtidos por nos referirmos a pessoas como se nos dirigíssemos a simples coisas. Recolhamos um ou dois exemplos no teatro de Labiche, onde existem em abundância. M. Perrichon, no momento de subir no vagão do trem, assegura-se de que não esqueceu nenhum de seus pacotes. "Quatro, cinco, seis, minha mulher, sete, minha filha, oito, e eu, nove".[32] Há outra peça na qual um pai exibe os conhecimentos da filha nesses termos: "Ela vos dirá sem tropeçar todos os reis de França que tiveram lugar."[33] Este que *tiveram lugar,* sem converter propriamente os reis em simples coisas, os assimila a acontecimentos impessoais.

Notemos, a propósito deste último exemplo, que não é necessário ir até o fim na identificação entre a pessoa e a coisa para que o efeito cômico se produza. Basta que iniciemos por essa via, por exemplo, fingindo confundir a pessoa com a função que ela exerce. A esse respeito, cito apenas estas palavras do prefeito de um vilarejo, de um romance de About:[34] "Sua Excelência, o senhor governador, que sempre manteve para conosco a mesma indulgência, ainda que tenha sido substituído várias vezes desde 1847".

Todas estas falas foram feitas segundo o mesmo modelo. Poderíamos compô-las indefinidamente, agora que possuímos sua fórmula. Mas a arte

---

30. Cf. Jean-François Regnard, *Le Joueur* (1697), Ato III, cena 4. Em livre tradução: "... e mais, deve a muitos /A soma de dez mil e uma libras em doação, /Por tê-lo, segundo ele mesmo diz, por um ano/Vestido, conduzido, aquecido, calçado, enluvado, / Alimentado, barbeado, embriagado, sustentado."

31. Cf. P. C. de Beaumarchais, *Le barbier de Séville ou La précaution inutile*, Ato I, cena 4.

32. Cf. E. Labiche, *Le Voyage de Monsieur Perrichon*, Ato I, cena 2.

33. Cf. E. Labiche, *La Station Champbaudet*, Ato II, cena 4.

34. Cf. Edmond About (1828-1885), escritor, jornalista e crítico de arte francês.

do contista e do comediante não consiste simplesmente em compor falas. O problema é dar à fala sua força de sugestão, quer dizer, torná-la aceitável. E nós só a aceitamos ou porque nos parece que provém de um estado da alma ou porque se adequa às circunstâncias. Sabemos, por exemplo, que M. Perrichon está muito emocionado no momento em que faz sua primeira viagem. A expressão "teve lugar" é uma daquelas que devem aparecer muitas vezes nas lições proferidas pela filha diante de seu pai; ela nos faz pensar em uma recitação. E, enfim, a admiração pela máquina administrativa, a rigor, poderia nos fazer acreditar que o governador não muda quando muda de nome, e que a função se realiza independentemente do funcionário.

Estamos bem distantes da causa original do riso. De fato, certa forma cômica, inexplicável por si mesma, só se deixa compreender por semelhança com outra, a qual, por sua vez, só nos faz rir por seu parentesco com uma terceira, e assim por diante, indefinidamente. Sendo assim, a análise psicológica, por mais clara e penetrante que a supusermos, necessariamente se perderá se não seguir o fio ao longo do qual a impressão cômica caminhou de uma extremidade a outra da série. O que há nessa continuidade em progresso? Qual é a pressão, qual o estranho impulso que faz com que o cômico deslize de imagem a imagem, cada vez mais distante do ponto original, até que se fracione e se perca em analogias infinitamente longínquas? E qual é a força que divide e subdivide os galhos das árvores em ramos, as raízes em radículas? Uma lei inelutável comanda toda energia viva, por menor que seja o tempo de que dispõe, para cobrir o máximo de espaço que puder. Ora, a fantasia cômica é justamente esta energia viva, planta singular que cresceu vigorosamente nas partes rochosas do solo social, esperando que a cultura lhe permita rivalizar com os produtos mais refinados da arte. É verdade que com os exemplos cômicos que acabamos de passar em revista, estamos longe da grande arte. Mas nos aproximaremos bastante dela, mesmo sem atingi-la ainda, no próximo capítulo. Abaixo da arte há o artifício. É nessa zona do artifício, meio termo entre a natureza e a arte, que penetraremos agora. Iremos tratar do autor de *vaudeville* e do homem de espírito.

CAPÍTULO II

O CÔMICO DE SITUAÇÃO
E O CÔMICO DAS PALAVRAS

[I]

Estudamos o cômico nas formas, atitudes, movimentos em geral. Devemos agora procurá-lo nas ações e nas situações. Certamente não é difícil encontrar este gênero de cômico no dia a dia. Mas talvez não seja aí que ele melhor se preste à análise. Se é verdade que o teatro exagera e simplifica a vida, no que diz respeito a este ponto específico de nosso tema a comédia será mais instrutiva do que a vida real. Talvez devêssemos levar a simplificação ainda mais longe, voltar às nossas lembranças mais longínquas, procurar nos jogos que divertiam as crianças o primeiro esboço das composições que fazem o homem rir. É comum falarmos de nossos sentimentos de prazer e dor como se eles nascessem velhos, como se cada um deles não tivesse sua história. Mais comum ainda é desconhecermos o que resta de infantil, por assim dizer, na maior parte das emoções alegres. Mas quantos prazeres presentes não se reduziriam, se os examinássemos de perto, a lembranças de prazeres passados! O que restaria de muitas de nossas emoções se as limitássemos apenas àquilo que é estritamente sentido, se delas retirássemos tudo o que é simples rememoração? Quem sabe até se não nos tornamos, a partir de determinada idade, impermeáveis à alegria fresca e nova, e se as mais doces satisfações do homem maduro nada mais são do que sentimentos de infância reavivados, brisa perfumada que nos envia, por lufadas cada vez mais raras, a um passado cada vez mais distante? Aliás, qualquer que seja a resposta dada a esta questão bastante geral, uma coisa é certa: não pode haver ruptura entre o prazer do jogo, na criança, e este mesmo prazer no homem. Ora, a comédia é justamente um jogo, um jogo que imita a vida. E, se nos jogos das crianças, enquanto manuseiam bonecas e marionetes, tudo se faz por meio de cordões, não seriam estes mesmos cordões que reencontraremos, refinados pelo uso, nos fios que ligam as situações da comédia? Partamos então dos jogos infantis. Sigamos o progresso imperceptível pelo qual a criança faz suas marionetes crescerem, as anima e as leva a este estado final de indecisão no qual, sem deixarem de ser marionetes, já se transformaram em homens. Teremos assim as personagens da comédia. E poderemos nelas verificar a lei que previmos em nossas análises precedentes, lei pela qual definimos as situações das comédias ligeiras em geral: É *cômica toda encenação de atos e acontecimentos que nos oferece, inseridas uma na outra, a ilusão da vida e a nítida sensação de um arranjo mecânico.*

I. *O boneco de molas.* – Quando crianças, todos nós já brincamos com o boneco que salta de sua caixa. Nós o empurramos para dentro, ele pula para fora. Empurramos mais forte e ele pula mais alto. Nós o apertamos embaixo de sua tampa e, na maioria das vezes, ele faz tudo saltar. Não sei se este brinquedo é muito antigo, mas o tipo de brincadeira que ele encerra, certamente, é de todos os tempos. Trata-se do conflito entre duas obstinações, em que uma, totalmente mecânica, quase sempre acaba cedendo à outra, que se diverte com isso. O gato que brinca com o rato, que sempre o deixa fugir como uma mola para imediatamente segurá-lo com um golpe da pata, se dá uma diversão de mesmo tipo.

Passemos ao teatro. Comecemos pelo de Guignol. Quando o guarda entra em cena, como de costume, imediatamente recebe uma cacetada que o derruba. Ele se levanta, recebe um segundo golpe. Nova tentativa, novo castigo. Sob o ritmo uniforme da mola que se tensiona e se distende, o guarda cai e se levanta, enquanto o riso do auditório vai num crescendo.

Imaginemos agora uma mola moral, uma ideia que se exprime, que é reprimida e volta a se exprimir, um fluxo de palavras que se lança, que é calado e sempre se repete. Teremos novamente a visão de uma força que se obstina e de uma outra teimosia que a combate. Mas esta visão terá perdido sua materialidade. Não estaremos mais no Guignol; estaremos assistindo a uma verdadeira comédia.

Com efeito, muitas cenas cômicas reproduzem esse tipo simples. Assim, na cena do *Mariage forcé (Casamento forçado)* entre Sganarello e Pancrácio, todo o efeito cômico vem de um conflito entre a intenção de Sganarello, que quer forçar o filósofo a escutá-lo, e a obstinação do filósofo, verdadeira máquina de falar que funciona automaticamente.[35] À medida que a cena

---

35. Cf. Molière, *Le mariage forcé*, ato i, cena 4.

avança, a imagem do boneco de mola se desenha melhor, de tal modo que, no final, as próprias personagens assumem os seus movimentos, Sganarello empurrando várias vezes Pancrácio para trás das cortinas. E Pancrácio sempre voltando ao palco para continuar discursando. E quando Sganarello consegue fechar Pancrácio no interior da casa (eu ia dizer no fundo da caixa), imediatamente a cabeça de Pancrácio reaparece pela janela que se abre, como uma tampa que pula.

Mesmo jogo de cena em *O doente imaginário*. A medicina ofendida despeja sobre Argan, pela boca de M. Purgon, a ameaça de todas as doenças.[36] E a cada vez que Argan se levanta de sua poltrona, para tentar fechar a boca de Purgon, nós o vemos desaparecer por um instante, como se o afundássemos na coxia, para em seguida, como se fosse movido por molas, voltar à cena com uma nova maldição. Uma mesma exclamação, sempre repetida – "Monsieur Pourgon!" –, escande os momentos dessa pequena comédia.

Observemos ainda um pouco mais de perto a imagem da mola que se tensiona, se distende e volta a tensionar-se. Retiremos o que há de essencial nela. Obteremos um dos procedimentos usuais da comedia clássica, a *repetição*.

O que há de cômico na repetição de uma fala, no teatro? Em vão buscaremos uma teoria do cômico que responda de modo satisfatório a uma questão tão simples. E, de fato, a questão permanece insolúvel se quisermos encontrar a explicação de um efeito engraçado no próprio efeito, isolado do que ele nos sugere. Nada melhor do que isto para mostrar a insuficiência do método comumente usado. Mas a verdade é que se deixamos de lado alguns casos muito especiais sobre os quais voltaremos mais tarde, a repetição de uma palavra não é risível por ela mesma. Ela só nos faz rir porque simboliza um determinado jogo particular de elementos morais, símbolo, ele próprio, de um jogo totalmente material. É o jogo do gato que se diverte com o rato, o jogo da criança que empurra e volta a empurrar o boneco para dentro de sua caixa – ainda que refinado, espiritualizado, transportado para a esfera dos sentimentos e das ideias. Enunciemos a lei que acreditamos exprimir os principais efeitos cômicos da repetição das falas no teatro: *Em uma repetição cômica de palavras apresentam-se geralmente dois temas,*

---

36. Cf. Molière, *Le malade imaginaire*, ato III, cena 5.

um sentimento reprimido que se distende como uma mola, e uma ideia que se diverte em novamente reprimir o sentimento.

Quando Dorine narra a Orgon a doença de sua mulher, e este incessantemente o interrompe para perguntar sobre a doença de Tartufo, a questão que sempre volta – "E Tartufo"? – nos dá a nítida sensação de uma mola que se solta. É esta mola que Dorine se diverte em comprimir retomando a cada vez a narrativa da doença de Elmira.[37] E quando Escapino vem anunciar ao velho Gerôncio que seu filho foi levado preso na famosa galera, que é preciso resgatá-lo rapidamente, ele joga com a avareza de Gerôncio da mesma forma que Dorine joga com a cegueira de Orgon. A avareza, reprimida com dificuldade, salta automaticamente; automatismo que Molière quis enfatizar com a repetição mecânica de uma frase na qual se expressa o desgosto com a perda do dinheiro que terá de ser desembolsado: "Mas que diabos ele foi fazer nessa galera?".[38] A mesma observação vale para a cena na qual Valério explica a Harpagão que ele cometerá um erro fazendo sua filha se casar com um homem que ela não ama. "Sem dote!", interrompe sempre a avareza de Harpagão.[39] Entrevemos, assim, por trás desta fala que volta automaticamente, um mecanismo de repetição montado pela ideia fixa.

É verdade que nem sempre é fácil perceber este mecanismo. E nisso se apresenta uma nova dificuldade à teoria do cômico. Há casos em que todo o interesse de uma cena está em um único personagem que se divide, de modo que seu interlocutor faz simplesmente o papel, por assim dizer, de um prisma através do qual se efetua a duplicação. Nesse caso, podemos nos enganar se procurarmos o segredo do efeito produzido naquilo que vemos e escutamos, na cena exterior que se desenvolve entre as personagens, e não na comédia interior que esta cena apenas refrata. Por exemplo, quando Alceste responde obstinadamente a Oronte, que lhe pergunta se ele achou seus versos ruins, "Não foi isso o que eu disse!". A repetição é cômica e, no entanto, fica claro que Oronte não está se divertindo com Alceste por meio do jogo que viemos descrevendo até agora.[40] Ao contrário! Há em Alceste, na realidade, dois homens, de um lado o

---

37. Cf. Molière, *Le Tartuffe ou l'imposteur*, Ato I, cena 4.
38. Cf. Molière, *Les douberies de scapin*, Ato II, cena 7.
39. Cf. Molière, *L'ávare*, Ato I, cena 5.
40. Cf. Molière, *Le misanthrope*, Ato I, cena 2.

"misantropo", que acaba de jurar a si mesmo sempre dizer aos homens o que pensa e, de outro lado, o cavalheiro que não consegue desaprender de repente os modos da polidez, ou ainda, talvez, o grande homem que, no momento decisivo em que seria preciso passar da teoria à ação, desiste de ferir um amor próprio, causar sofrimento. A verdadeira cena não se dá, portanto, entre Alceste e Oronte, mas entre Alceste e o próprio Alceste. Destes dois Alcestes, há um que quer explodir, e outro que lhe tapa a boca no momento em que ele vai dizer tudo o que pensa. Cada um dos "Não foi isso o que eu disse!" representa um esforço crescente para reprimir algo que cresce e força a saída. O tom desses "Não foi isso o que eu disse!" torna-se cada vez mais violento, e Alceste se irrita cada vez mais – não com Oronte, como este acredita, mas consigo mesmo. E é assim que a tensão da mola vai ganhando força até a distensão final. O mecanismo da repetição é então efetivamente o mesmo.

Quando um homem se decide a só dizer o que pensa, tendo de "comprar briga com todo o gênero humano", não se trata de algo necessariamente cômico; isto faz parte da vida, e de uma vida superior. Quando outro homem, por doçura de caráter, egoísmo ou desprezo prefere dizer aos outros apenas o que lhes agrada, isto também faz parte da vida, não há nada aqui que nos faça rir. Mesmo que você reúna estes dois homens em um só, que sua personagem hesite entre uma franqueza que machuca e uma polidez que engana, esta luta entre dois sentimentos contrários ainda não será cômica, ela parecerá séria, se os dois sentimentos puderem se organizar em sua própria contrariedade, progredir em conjunto, criar um estado de alma composto, e adotar, enfim, um *modus vivendi* que nos dê pura e simplesmente a impressão complexa da vida. Mas suponha esses dois sentimentos irredutíveis e *rígidos* em um homem bem vivo; faça com que o homem oscile de um a outro; faça, sobretudo, com que essa oscilação se torne nitidamente mecânica, adotando a forma conhecida de um dispositivo usual, simples, infantil: você terá agora a imagem que encontramos até aqui nos objetos risíveis, você terá *o mecânico no vivo*, terá o cômico.

Já nos demoramos o suficiente nesta primeira imagem, a do boneco de mola, para podermos compreender de que modo a fantasia cômica aos poucos converte um mecanismo material em um mecanismo moral. Examinemos mais um ou dois jogos, limitando-nos, no entanto, a algumas breves indicações.

II. *A marionete.* Inúmeras são as cenas de comédia nas quais uma personagem acredita falar e agir livremente, nas quais, portanto, esta personagem conserva o que é essencial à vida, ao passo que, observada sob outro aspecto, ela aparece como um simples joguete nas mãos de outra personagem que se diverte com isso. Entre uma marionete, manipulada por uma criança, às personagens Gerôncio e Argante, manipuladas por Scapino, há um intervalo fácil de ser percorrido. Escutemos o próprio Scapino falando "a coisa está preparada",[41] ou, ainda, "até parece que o céu encaminhou os dois para a minha arapuca", etc. [42] Por instinto, e porque, ao menos em imaginação, preferimos enganar a sermos enganados, é do lado dos trapaceiros que o espectador se coloca. Compactua com eles e, dali em diante, como a criança que conseguiu tomar emprestado o boneco do amigo, toma os cordões em suas mãos e faz a marionete se mover pela cena. Mas não é preciso chegar a tanto. Podemos permanecer alheios ao que se passa, contanto que seja mantida a sensação bem nítida de um agenciamento mecânico. É o que ocorre nos casos em que uma personagem oscila entre duas posições opostas, quando é puxada de um lado e de outro por cada uma destas posições, etc., como Panurge perguntando a Pierre e a Paul se deveria se casar.[43] Observemos apenas que, neste caso, o comediante tem o cuidado de personificar as duas posições contrárias. Na falta do espectador, devem-se ter ao menos atores que manipulem os cordões.

Todo o caráter sério da vida vem de nossa liberdade. Os sentimentos que nutrimos, as paixões que cultivamos, as ações sobre as quais deliberamos, aquelas que evitamos, que executamos, enfim, aquilo que vem de nós e que é propriamente nosso é justamente o que dá à vida seu ar muitas vezes dramático e geralmente grave. O que seria necessário para transformar tudo isto em comédia? Bastaria imaginar que a aparente liberdade recobre um conjunto de cordões e que somos, aqui em baixo, como o diz o poeta,

---

41. Cf. Molière, *Malandragens de Scapino ou Artimanhas de Scapino.* Trad. Carlos Drummond de Andrade. Ato I, cena 5. "Deixe por minha conta, que a coisa está preparada. Estou apenas cogitando de um sujeito que mereça confiança, para representar um personagem que eu preciso..." (*Les fourberies de Scapin*: "Laisses-moi faire, la machine est trouvée. Je cherche seulement dans ma tête un home qui nous soit affidé, pou jouer un personage dont j'ai besoin...").

42. *Idem*, Ato II, cena 6 ("Il semble que le ciel, l'un après l'autre, les amène dans mes filets").

43. Cf. Rabelais, *Le tiers livre des faits e dicts héroïques du bon Pantagruel.* Em português, *O Terceiro Livro de fatos e ditos heroicos do Bom Pantagruel*, trad., intr., notas e com. Élide Valarini Olivier, ed. Unicamp, 2005.

... humildes marionetes
Cujos fios estão nas mãos da Necessidade.[44]

Não há cena real, séria, mesmo dramática, que a fantasia não possa levar ao cômico pela evocação dessa simples imagem. Não há jogo com maiores possibilidades.

III. *A bola de neve.* À medida que avançamos neste estudo dos procedimentos da comédia, melhor compreendemos o papel desempenhado pelas reminiscências da infância. Talvez esta reminiscência incida menos sobre um ou outro jogo em particular do que sobre o próprio dispositivo mecânico do qual o jogo é uma aplicação. De fato, o mesmo dispositivo geral pode ser encontrado em jogos muito diferentes, assim como o mesmo ar de ópera pode ser encontrado em inúmeras fantasias musicais. O que importa, aqui, o que o espírito retém, o que passa, por gradações insensíveis, dos jogos da criança para os do homem, é o esquema da combinação ou, se preferirmos, a fórmula abstrata da qual tais jogos são as aplicações particulares. Tomemos, por exemplo, a bola de neve que rola, e que cresce enquanto rola. Também podemos pensar em soldadinhos de chumbo colocados em fila: se empurramos o primeiro, este tomba sobre o segundo que derruba o terceiro e a situação vai se agravando até que todos estejam no chão. Podemos ainda pensar em um castelo de cartas laboriosamente montado: a primeira carta que tocamos custa a cair, a vizinha, que sofre o abalo, decide-se mais rapidamente e o trabalho de destruição acelera-se até correr vertiginosamente para a catástrofe final. Todos estes objetos são muito diferentes, mas poderíamos dizer que nos sugerem a mesma visão abstrata, a de um efeito que se propaga adicionando-se a si mesmo, de modo que a causa, insignificante em sua origem, chega, por uma necessária progressão, a um resultado tão grandioso quanto inesperado. Peguemos um livro de

---

44. Retirado da seguinte passagem do poema "Le bonhomme", de Sully Prudhomme, no qual o determinismo é satirizado na figura do filósofo Espinosa: "C'était un homme doux, de chétive santé, / Qui tout en polissant des verres de lunettes, / Mit l'essence divine en formules très nettes, / Si nettes que le monde en fut épouvanté. // Ce sage démontrait avec simplicité / Que le bien et le mal sont d'antiques sornettes / Et les libres mortels d'humbles marionnettes / Dont le fil est aux mains de la Nécessité." (Prudhomme, S. *Les Épreuves*, in *Poésies* (1866- 1972), Paris, Alphonse Lemerre, 1872, p. 31.)

imagens para crianças. Nele já poderemos ver este dispositivo encaminhar-se para a forma de uma cena cômica. Eis aqui, por exemplo, (tomemos ao acaso uma "série de Épinal") um visitante que entra precipitadamente em uma sala: ele esbarra em uma dama, que entorna sua xícara de chá em um senhor idoso, que escorrega contra uma janela, que cai na rua sobre a cabeça de um guarda, que aciona a polícia etc. O mesmo dispositivo encontra-se em muitas imagens feitas para adultos. Nas "histórias sem palavras" desenhadas pelos chargistas há, frequentemente, objetos que mudam de lugar e pessoas a eles ligadas. Então, de cena em cena, a mudança de posição do objeto leva mecanicamente a mudanças de situação cada vez mais complicadas entre as pessoas. Passemos, agora, à comédia. Quantas cenas bufas, quantas comédias inteiras reduzem-se a esse tipo simples! Relembremos a fala de Chicaneau em *Les plaideurs* (*Os pleiteantes*). Nela encontramos processos gerados a partir de outros processos, e um mecanismo que funciona cada vez mais rápido (Racine nos dá esse sentimento de aceleração crescente jogando cada vez mais os termos dos processos uns contra os outros) até que o processo iniciado por uma ninharia acabe por custar ao pleiteante a maior parte de sua fortuna.[45] O mesmo arranjo aparece em certas cenas de *Dom Quixote*, por exemplo aquela da hospedagem, na qual um singular encadeamento de circunstâncias leva o almocreve a bater em Sancho, que bate em Maritone, sobre o qual cai de pancada o hospedeiro etc.[46] Chegamos, por fim, ao *vaudeville* contemporâneo. Nem é preciso lembrar de todas as formas sob as quais esta mesma combinação se apresenta. Há uma bastante utilizada: fazer com que um determinado objeto material (uma carta, por exemplo) seja de importância capital para certas personagens e que seja preciso encontrá-lo a qualquer preço. Este objeto, que acaba por se perder sempre que se acreditava tê-lo em mãos, circula pela peça dando origem a uma sequência de incidentes cada vez mais graves, cada vez mais inesperados. Tudo isto se parece, muito mais do que poderíamos acreditar, com um jogo infantil. Trata-se sempre do efeito da bola de neve.

É característico de uma combinação mecânica o fato de ela geralmente ser reversível. As crianças sempre se divertem quando veem uma bola lançada contra algumas garrafas derrubar tudo em sua passagem,

---

45. Cf. J. Racine, *Les Plaideurs*, Ato I, cena 7.
46. Cf. M. de Cervantes, *Don Quixote de La Mancha*, Parte I, cap. XVI.

multiplicando o desastre; riem ainda mais se uma garrafa, depois de dar voltas e reviravoltas, depois de hesitações de todo tipo, voltar a sua posição inicial. Em outras palavras, o mecanismo que vimos descrevendo já é cômico se for retilíneo; torna-se ainda mais cômico se for circular, e quando os esforços da personagem chegam, por uma engrenagem fatal entre causas e efeitos, a levar, pura e simplesmente, ao mesmo lugar. Ora, veremos que um grande número de peças do *vaudeville* gravita em torno dessa ideia. Um chapéu de palha italiano é comido por um cavalo. Só existe um chapéu como este em toda Paris, e é preciso que ele seja encontrado a qualquer preço. Esse chapéu, que sempre se perde quando está a ponto de ser encontrado, faz a personagem principal correr. Esta, por sua vez, faz correr às outras que estão a ela ligadas, assim como um imã que, por uma atração que se transmite cada vez mais longe, carrega consigo fios de limalha de ferro suspensos uns nos outros. E quando, enfim, de incidente em incidente, acreditamos que tudo se resolveu, descobre-se que o chapéu tão desejado era aquele mesmo que tinha sido comido no início.[47] Podemos encontrar a mesma odisseia em uma outra comédia não menos célebre de Labiche. Mostram-nos inicialmente, em seu costumeiro jogo de cartas, um solteirão e uma solteirona que são velhos conhecidos. Cada um deles vai, por conta própria, a uma mesma agência matrimonial. Entre mil dificuldades, de desventura em desventura, eles correm lado a lado, durante toda a peça, para a entrevista que, justamente, os coloca um diante do outro.[48] Mesmo efeito circular, mesmo retorno ao ponto de partida em outra peça mais recente. Um marido perseguido acredita poder se livrar de sua esposa e de sua sogra por meio do divórcio. Ele se casa novamente. E eis que o jogo que combina divórcio e casamento lhe traz sua antiga esposa de volta, e pior, agora como sua nova sogra.[49]

Quando pensamos na intensidade e na frequência desse gênero cômico, compreendemos porque ele tocou a imaginação de certos filósofos. Percorrer inúmeros caminhos para voltar, sem saber, ao mesmo ponto de partida, é despender um grande esforço para nada. Podemos nos sentir tentados a definir o cômico desta maneira. Tal parece ser a ideia de Herbert Spencer: o riso seria o índice de um esforço que de repente encontra o

---

47. Cf. E. Labiche, *Un chapeau de paille d'Italie* (1851).
48. Cf. E. Labiche, *La cagnotte* (1864).
49. Cf. A. Bisson, *Les surprises du divorce* (1890).

vazio.[50] Kant já dizia: "O riso resulta de uma espera que subitamente se resolve em nada".[51] Reconhecemos que estas definições se aplicariam aos nossos últimos exemplos; no entanto é preciso fazer certas restrições à fórmula, pois há muitos esforços inúteis que não fazem rir. Mas se nossos últimos exemplos apresentam uma grande causa que resulta em efeitos mínimos, um pouco acima apresentamos outros que deveriam ser definidos de modo inverso: um grande efeito que se segue de uma causa ínfima. A verdade é que esta segunda definição não é melhor do que a primeira. A desproporção entre a causa e o efeito, quer se apresente em um sentido quer em outro, não é a origem direta do riso. Rimos de alguma coisa que essa desproporção pode, em certos casos, manifestar, ou seja, do arranjo mecânico particular que ela nos dá a perceber por transparência através da série de efeitos e de causas. Desconsidere esse arranjo e você abandona o único fio condutor que poderia guiá-lo no labirinto do cômico, e a regra que você tiver seguido, aplicável talvez a alguns casos convenientemente escolhidos, permanecerá à mercê do encontro com o exemplo que a reduzirá a nada.

Mas por que rimos desse arranjo mecânico? Sem dúvida é estranho que a história de um indivíduo ou de um grupo nos apareça, em um determinado momento, como um jogo de engrenagens, de molas ou de cordões. Mas como se explica o caráter especial desse estranhamento? Por que ele é cômico? A esta questão, que já nos foi colocada de várias maneiras, daremos sempre a mesma resposta. O mecanismo rígido que surpreendemos, de tempos em tempos, como a um intruso, na continuidade viva das coisas humanas, tem para nós um interesse bastante particular, porque ele é como uma *distração* da vida. Se os acontecimentos pudessem estar sempre atentos ao seu próprio curso, não haveria coincidências, encontros, séries circulares; tudo se desenvolveria para a frente e progrediria sempre. E se os homens estivessem sempre atentos à vida, se sempre nos mantivéssemos em contato com o outro e também com nós mesmos, nada pareceria ocorrer em nós

---

50. Obra recenseada na bibliografia de *Le Rire*, ed. de 1900. H. Spencer, "The physiology of laughter", in *Essays: scientific, political and speculative* (1863), trad. fr. A. Burdeau, "La physiologie du rire", in *Essais de morale, de science et d'esthétique, t. I: Essais sur le progrès*, Paris, Libraire Germer Baillère et Cie., 1877, p. 293-314; 2ª ed. Paris, Félix Alcan, 1886.
51. Kant, E. Critik der urteilskraft und schriften, # 54 (Kant, E. *Crítica da faculdade do juízo*, trad. br. V. Rohden e A. Marques, Rio de Janeiro, Ed. Forense Universitária, 2ª ed. 2008, # 54, p. 177: "O riso é um afeto resultante da súbita transformação de uma tensa expectativa em nada.").

por meio de molas ou cordões. O cômico é este lado da pessoa pelo qual ela se assemelha a uma coisa, este aspecto dos acontecimentos que imita, por sua rigidez de um tipo bastante particular, o mecanismo puro e simples, o automatismo, o movimento sem a vida, enfim. Exprime, portanto, uma imperfeição individual ou coletiva que chama por uma correção imediata. O riso é justamente essa correção. O riso é um gesto social, que sublinha e reprime uma certa distração especial dos homens e dos acontecimentos.

Mas isto nos convida a procurar mais longe e mais alto. Ocupamo-nos até aqui em encontrar nos jogos dos homens certas combinações mecânicas que divertem a criança. Este é um modo empírico de proceder. Chegou o momento de tentar uma dedução metódica e completa, de ir buscar em sua própria fonte, em seu princípio permanente e simples, os procedimentos múltiplos e variáveis do teatro cômico. Como dizíamos, este teatro combina elementos de modo a inserir um mecanismo nas formas exteriores da vida. Determinemos, portanto, o caráter essencial pelo qual a vida, observada do exterior, parece se distinguir de um simples mecanismo. Bastará que passemos aos caracteres opostos para obter a fórmula abstrata, desta vez geral e completa, dos procedimentos de comédias reais e possíveis.

A vida se apresenta para nós como uma evolução no tempo, e como uma certa complicação no espaço. Considerada no tempo, ela é progresso contínuo de um ser que envelhece sem cessar: isto quer dizer que ela nunca volta atrás, e nunca se repete. Considerada no espaço, ela estende diante de nossos olhos elementos coexistentes tão intimamente solidários entre si, tão exclusivamente feitos uns para os outros, que nenhum deles poderia pertencer ao mesmo tempo a dois organismos diferentes: cada ser vivo é um sistema fechado de fenômenos, incapaz de interferir em outros sistemas. Mudança contínua de aspecto, irreversibilidade de fenômenos, individualidade perfeita de uma série fechada em si mesma, eis os caracteres exteriores (reais ou aparentes, pouco importa) que distinguem o vivo do simples mecânico. Tomemos o seu contrário: teremos três procedimentos que chamaremos, se nos permitirem, a *repetição*, a *inversão* e a *interferência entre as séries*. É fácil ver que estes procedimentos são todos os procedimentos do teatro de *vaudeville*.

Encontram-se de início misturados em doses variáveis, nas cenas que acabamos de passar em revista, e com muito mais razão nos jogos de criança, cujos mecanismos reproduzem. Não nos demoraremos nesta análise. Será mais útil estudar os procedimentos em seu estado puro a partir de novos exemplos. O que, de resto, será bastante fácil, pois é em seu estado puro que comumente os encontramos tanto na comédia clássica quanto no teatro contemporâneo.

I. *A repetição*. Não se trata mais, como anteriormente, de uma palavra ou de uma frase que uma personagem repete, mas de uma situação, quer dizer, de uma combinação de circunstâncias que se repetem, tal e qual, inúmeras vezes, contrastando, assim, com o curso mutável da vida. A experiência já nos apresenta esse tipo de cômico, mas apenas em estado rudimentar. Encontro um dia, na rua, um amigo que não vejo há muito tempo; a situação não tem nada de cômica. Mas se, no mesmo dia, eu o encontro novamente, e ainda uma terceira e uma quarta vez, acabamos por rir juntos da "coincidência". Pense agora em uma série de acontecimentos imaginários que possa lhe dar a ilusão da vida, e suponha, no meio dessa série que progride, uma mesma cena que se reproduz, seja entre as mesmas personagens, seja entre personagens diferentes: você ainda estará diante de uma coincidência, só que mais extraordinária. Estas são as repetições que o teatro nos apresenta. Elas são tanto mais cômicas quanto mais complexa for a cena repetida e quanto mais naturalmente isso ocorrer – duas condições que parecem se excluir, e que a habilidade do autor dramático deverá conciliar.

O *vaudeville* contemporâneo se utiliza desse procedimento sob todas as suas formas. Uma das mais comuns consiste em fazer com que um grupo de personagens se mova, de ato em ato, nos mais diversos ambientes, de modo a fazer ressurgir, em circunstâncias sempre novas, uma mesma série de acontecimentos ou de desventuras que se correspondem simetricamente.

Inúmeras peças de Molière nos oferecem uma mesma composição de acontecimentos que se repetem do começo ao fim da comédia. É assim que *École de femmes* (*A escola de mulheres*) nada mais faz do que reunir e reproduzir um determinado efeito em três tempos: 1º tempo, Horácio conta a Arnolfo o que ele imaginou para enganar o tutor de Inês, que se descobre ser o próprio Arnolfo; 2º tempo, Arnolfo acredita ter impedido o golpe; 3º tempo, Inês faz com que as precauções de Arnolfo se voltem a favor de Horácio. Mesma periodicidade regular em *École des maris* (*A escola de maridos*), *L'Étourdi* (*O estouvado*) e, sobretudo, em *George Dandin*, no qual se encontra o mesmo efeito em três tempos: 1º tempo, George Dandin percebe que sua mulher o engana; 2º tempo, ele chama seus sogros para ajudá-lo; 3º tempo, é ele, George Dandin, quem se desculpa.

Por vezes é entre grupos de personagens diferentes que se reproduzirá a mesma cena. Não é raro então que o primeiro grupo seja formado pelos patrões e o segundo pelos criados. Os criados repetirão em um outro tom, transposto em estilo menos nobre, uma cena já representada pelos patrões. Uma parte de *Le Dépit amoureux* (*O despeito amoroso*) é construída segundo este plano, assim como *L'Amphitryon* (*O anfitrião*). Em uma divertida comediazinha de Benedix, *Der eigensinn* (*A teimosia*) a ordem é inversa: são os patrões que reproduzem uma cena de obstinação que os criados lhes deram como exemplo.

Mas, sejam quais forem as personagens entre as quais as situações simétricas se desenrolem, uma diferença profunda parece subsistir entre a comédia clássica e o teatro contemporâneo. O objetivo sempre foi introduzir nos acontecimentos uma certa ordem matemática conservando, no entanto, o aspecto de verossimilhança, quer dizer, de vida. O que difere são os meios empregados. Na maior parte das peças do *vaudeville*, o espírito do espectador é trabalhado diretamente. De fato, por mais extraordinária que seja a coincidência, ela se tornará aceitável simplesmente porque será aceita, e nós a aceitaremos se, aos poucos, nos tiverem preparado para recebê-la. É desse modo que os autores contemporâneos costumam proceder. Ao contrário, no teatro de Molière são as disposições das personagens, e não as do público, que fazem com que as repetições pareçam naturais. Cada uma dessas personagens representa uma certa força aplicada em uma certa direção, e é porque essas forças, de direções constantes, compõem-se necessariamente entre si da mesma maneira, que a mesma situação se reproduz. A comédia de situação, assim compreendida, reduz-se, portanto, à comédia de caráter. E merece ser chamada clássica, se é verdade que a arte clássica é aquela que não pretende tirar do efeito mais do que colocou na causa.

II. *A inversão.* Este segundo procedimento guarda tanta analogia com o primeiro que nos contentaremos em defini-lo sem insistir em suas aplicações.

Imagine certas personagens em uma determinada situação: uma cena cômica será produzida ao fazer com que a situação seja revertida e os papéis invertidos. Neste gênero se enquadra a dupla cena do resgate em *Le voyage de Monsieur Perrichon* (*A viagem do Sr. Perrichon*).[52] Não é necessário, no entanto, que as duas cenas simétricas sejam representadas diante de nossos olhos. Podem nos mostrar apenas uma, contanto que se assegure que pensamos na outra. É por isso que rimos do acusado que dá lição de moral ao juiz, da criança que pretende ensinar a seus pais, enfim, daquilo que venha a se classificar sob a rubrica do "mundo às avessas".

É comum nos apresentarem uma personagem que arma a rede na qual ela própria cairá. As histórias do perseguidor vítima de sua perseguição, do enganador enganado, constituem o pano de fundo de muitas comédias. Já estavam presentes nas farsas antigas. O advogado Panthelin indica a seu cliente um estratagema para enganar o juiz: o cliente usará o estratagema para não pagar o advogado.[53] Uma mulher rabugenta exige que seu marido faça todo o trabalho de casa; trabalho que ela registrou em detalhes numa "lista". Quando ela cai dentro de um tonel, o marido se recusa a tirá-la de lá porque "isto não está escrito na lista".[54] Inúmeras outras variações do tema do ladrão roubado podem ser encontradas na literatura moderna. Trata-se sempre, no fundo, de uma inversão de papéis, e de uma situação que se volta contra aquele que lhe deu origem.

Aqui se verifica uma lei para a qual já assinalamos mais de uma aplicação. Quando uma cena cômica foi frequentemente repetida, ela passa ao estado de "categoria" ou de modelo. Ela se torna engraçada por si mesma, independentemente das causas que fizeram com que ela nos divertisse. Desse modo, cenas novas, que não são cômicas de direito, poderão nos divertir de fato caso se assemelhem àquela por algum aspecto. Elas evocarão em nosso espírito, ainda que confusamente, uma imagem que sabemos ser engraçada e serão classificadas em um gênero em que figura um tipo de cômico oficialmente reconhecido. A cena do "ladrão roubado" é desta espécie. Irradia sobre uma grande quantidade de outras cenas o cômico que encerra em si. Acaba por tornar cômica toda desventura que sofremos por falha nossa, qualquer que seja a falha, qualquer que seja a desventura – Que digo? Qualquer que seja a alusão a essa desventura, até mesmo uma palavra que a sugira. "Tu o quiseste, George Dandin", essa frase não teria nenhuma graça sem as ressonâncias cômicas que ela ecoa.

---

52. Cf. E. Labiche, *Le Voyage de Monsieur Perrichon*, Ato II, cena 3 e 10.
53. Cf. *Farce de Maistre Pierre Panthelin*, séc. XV, autor anônimo.
54. Cf. *Farce nouvelle très bonne et fort joyeuse du Cuvier*, séc. XV, autor anônimo.

III. Mas já falamos bastante da repetição e da inversão. Chegou o momento da *interferência entre as séries*. Trata-se de um efeito cômico de difícil formulação, devido à extraordinária variedade de formas sob as quais se apresenta no teatro. Eis, talvez, como deveríamos defini-la: *Uma situação é cômica sempre que pertencer, ao mesmo tempo, a duas séries de acontecimentos absolutamente independentes, de modo que possa ser interpretada, concomitantemente, em dois sentidos diferentes.* Pensaremos imediatamente no quiproquó. E, justamente, o quiproquó é uma situação que apresenta ao mesmo tempo dois sentidos diferentes, um simplesmente possível – aquele que os atores lhe emprestam –, o outro real, aquele que o público lhe dá. Percebemos o sentido real da situação porque tomou-se o cuidado de nos apresentarem todas as suas faces; ainda que cada um dos atores conheça apenas uma delas. Daí a ignorância deles, o falso juízo sobre o que está sendo feito a seu redor e sobre o que eles próprios fazem. Vamos do juízo falso ao juízo verdadeiro; oscilamos entre o sentido possível e o sentido real; e é esse balanço de nosso espírito entre duas interpretações opostas que desde o início aparece no caráter divertido que o quiproquó assume para nós. Compreende-se que certos filósofos tenham sido tocados sobretudo por este balanço, e que alguns tenham mesmo chegado a ver na essência do cômico um choque, ou uma superposição, de dois juízos que se contradizem. Mas esta definição está longe de convir a todos os casos; e, mesmo ali onde convém, não define o princípio do cômico, apenas uma de suas consequências mais ou menos longínquas. De fato, é fácil perceber que o quiproquó teatral nada mais é do que o caso particular de um fenômeno mais geral, a interferência entre séries independentes, e que, de resto, o quiproquó não é risível por si mesmo, mas apenas enquanto signo de uma interferência entre séries.

No quiproquó, com efeito, cada uma das personagens está inserida em uma série de acontecimentos que lhe dizem respeito, dos quais tem uma representação correta, e sobre os quais regula suas palavras e seus atos. Cada uma das séries, referente a cada uma das personagens, desenvolve-se de modo independente. No entanto, há um determinado momento em que estas séries se encontram, de modo que os atos e as palavras que fazem parte de uma delas passam também a convir à outra. Daí a ignorância das personagens, daí o equívoco. Mas este equívoco não é cômico por si mesmo, ele só o é porque manifesta a coincidência de duas séries independentes. Prova disso é o autor ter de usar constantemente sua arte para dirigir nossa atenção a esse duplo fato, independência e coincidência. Em geral ele consegue esse efeito pela renovação contínua de uma falsa ameaça de dissociação entre as duas séries coincidentes. A cada instante tudo vai ruir, e tudo se reacomoda. É esse jogo que faz rir, muito mais do que o vai e vem de nosso espírito entre duas afirmações contraditórias. E nos faz rir porque torna manifesta diante de nossos olhos a interferência entre duas séries independentes, verdadeira fonte do efeito cômico.

O quiproquó, portanto, só pode ser um caso particular. Trata-se de um dos meios (talvez o mais artificial) de tornar sensível a interferência entre as séries. Mas ele não é o único. No lugar de duas séries contemporâneas, podemos tomar uma série de acontecimentos passados e uma outra atual. Se é em nossa imaginação que as duas séries se intercalam, não haverá mais quiproquó e, no entanto, o mesmo efeito cômico continuará a se produzir. Pensemos no cativeiro de Bonivard no castelo de Chillon; eis uma primeira série de fatos. Representemos em seguida Tartarin viajando pela Suíça, sendo detido, preso; segunda série, independente da primeira. Façamos agora com que Tartarin seja preso exatamente na mesma corrente que Bonivard e que as duas histórias pareçam coincidir por um instante; teremos uma cena divertidíssima, uma das mais divertidas que a fantasia de Dudet se representou. Muitos incidentes, do tipo heroico-cômico, poderão ser assim analisados. A transposição, geralmente cômica, do antigo para o moderno inspira-se na mesma ideia.

Labiche se utilizou desse procedimento de todos os modos possíveis. Ora começa por constituir séries independentes para, na sequência, divertir-se fazendo-as interferirem entre si: toma um grupo fechado, de um casamento, por exemplo,[55] e o coloca em um ambiente totalmente estranho, no qual certas coincidências permitirão que ele se insira momentaneamente. Ora conservará no decorrer da peça um único e mesmo sistema de personagens, mas fará com que algumas dessas personagens, por terem algo a dissimular, sejam obrigadas a confabularem entre si, representando, enfim, uma comédia menor dentro da grande: a cada instante uma das duas comédias irá perturbar o andamento da outra, para na sequência as coisas se arranjarem novamente.[56] Ora, enfim, trata-se de uma série de acontecimentos totalmente ideal que ele intercalará na série real, por exemplo um passado que se quer esconder, e que sempre irrompe no presente, e que a cada instante se consegue reconciliar

---

55. Referência a *O chapéu de palha de Itália* (obra citada acima).
56. *La cagnotte*, por exemplo (obra citada acima).

com as situações que ele parece transtornar.[57] Mas se trata sempre de duas séries independentes, e sempre de uma coincidência parcial.

Não nos estenderemos mais em nossa análise dos procedimentos do *vaudeville*. Quer haja interferência entre séries, inversão ou repetição, vemos que o objetivo é sempre o mesmo: obter aquilo que chamamos de *mecanização* da vida. Tomemos um sistema de ações ou de relações, quer o repitamos tal como ele é, ou invertamos o seu sentido, ou o transportemos em bloco para um outro sistema com o qual ele coincide em parte – todas estas operações consistem em tratar a vida como um mecanismo de repetição, com efeitos reversíveis e peças intercambiáveis. A vida real é um *vaudeville* na exata medida em que produz naturalmente efeitos do mesmo gênero e, consequentemente, na exata medida em que se esquece de si mesma, pois, se ela se mantivesse sempre atenta, seria continuidade variada, progresso irreversível, unidade indivisa. E é por isso que a comicidade dos acontecimentos pode se definir como uma distração das coisas, do mesmo modo que a comicidade de um caráter individual se deve, sempre, como já sugerimos e como o mostraremos em detalhe adiante, a uma certa distração fundamental da pessoa. Mas essa distração dos acontecimentos é excepcional. Seus efeitos são sutis. E, em todo caso, é incorrigível, de modo que de nada serve rir dela. E é por isso que nem sonharíamos em exagerá-la, em erigi-la como sistema, em criar uma arte para ela, se o riso não fosse um prazer e se a humanidade não se aproveitasse da menor ocasião para fazê-lo surgir. Desse modo se explica o *vaudeville* que é, para a vida real, aquilo que a marionete é para o homem que anda, um exagero bastante artificial de uma certa rigidez natural das coisas. O fio que o une à vida real é bem frágil. Não é mais do que um jogo, subordinado, como todos os jogos, a uma convenção inicialmente aceita. A comédia de caráter lança na vida raízes muito mais profundas. Será sobretudo dela que nos ocuparemos na última parte de nosso estudo. Antes, no entanto, devemos analisar um certo tipo de cômico que se assemelha ao *vaudeville* em muitos aspectos. O cômico das palavras.

II

Talvez seja um tanto artificial constituir uma categoria particular para o cômico das palavras, uma vez que a maior parte dos efeitos cômicos que

---

57. *L'affaire de la rue de Lourcine*, por exemplo.

estudamos até aqui já se produzem por intermédio da linguagem. Mas é preciso distinguir entre o cômico que a linguagem expressa e o cômico que a linguagem cria. A rigor, o primeiro poderia ser traduzido de uma língua para outra, ainda que possa perder grande parte de sua significação ao passar para uma nova sociedade, diferente por seus modos, por sua literatura e, sobretudo, por sua associação de ideias. Mas o segundo geralmente é intraduzível. Deve o que é à estrutura da frase ou à escolha das palavras. Não se resume a constatar certas distrações particulares dos homens e dos acontecimentos com a ajuda da linguagem, sublinha as distrações da própria linguagem. É a própria linguagem que, deste modo, torna-se cômica.

É verdade que as frases não se fazem sozinhas, e que, se rimos delas, poderemos rir de seu autor pelo mesmo motivo. Mas esta última condição não será indispensável. A frase, a palavra, terão aqui uma força cômica independente. Prova disso é que, na maior parte das vezes, sentiremos certa dificuldade em dizer de quem rimos, ainda que quase sempre sintamos confusamente que rimos de alguém.

De resto, a pessoa em questão nem sempre é aquela que fala. Haveria aqui uma importante distinção a fazer entre o *espirituoso* e o *cômico*. Poderíamos talvez achar que certo dito é cômico quando nos faz rir daquele que o pronuncia, e espirituoso quando nos faz rir de um terceiro ou de nós mesmos. Porém, o mais comum é que não possamos decidir se o dito é cômico ou espirituoso. Ele é simplesmente risível.

Mesmo assim, antes de seguir adiante, talvez seja preciso examinar mais de perto o que entendemos por espirituoso. Pois uma vez que um dito de espírito nos faz, no mínimo, sorrir, um estudo sobre o riso não seria completo se não aprofundasse a natureza do espirituoso, não esclarecesse sua ideia. Receio, no entanto, que esta essência extremamente sutil não seja daquelas que se deixam decompor sob a luz.

Distingamos inicialmente dois sentidos da palavra espirituoso, um mais amplo e outro mais estrito. No sentido mais amplo, aparentemente chamamos de espirituoso um certo modo *dramático* de pensar. Em lugar de manipular suas ideias como símbolos indiferentes, o homem de espírito as vê, as ouve e, sobretudo, as faz dialogar entre si como se fossem pessoas. Ele as coloca em cena, e também coloca em cena um pouco a si mesmo. Um povo espirituoso também é um povo amante do teatro. No homem de espírito há algo do poeta, assim como no bom leitor há um princípio de comediante. Faço esta aproximação de propósito, porque seria fácil estabelecer uma proporcionalidade entre esses quatro termos. Para ler bem basta possuir o aspecto intelectual da arte do comediante; mas para representar bem é preciso ser comediante de corpo e alma. Do mesmo modo a criação poética exige um certo esquecimento de si, e este não costuma ser o pecado do homem de espírito. Ele sempre transparece, de um modo ou de outro, por detrás daquilo que diz ou daquilo que faz, ainda que, por colocar nisso apenas a sua inteligência, não se deixe absorver inteiramente.

Sendo assim, todo poeta poderá, quando quiser, revelar-se um homem de espírito. Ele não terá de adquirir nada; teria, ao contrário, de perder algo. Bastaria deixar suas ideias conversarem entre si "por nada, por simples prazer". Teria apenas que desfazer a dupla ligação que mantém suas ideias em contato com seus sentimentos e sua alma em contato com a vida. Enfim, ele se tornaria um homem de espírito se não mais desejasse ser poeta com o coração, mas apenas com a inteligência.

Mas se o espírito consiste, em geral, em ver as coisas *sub specie theatri*, compreendemos que ele possa estar mais particularmente voltado para uma determinada variedade da arte dramática: a comédia. Daí se segue o sentido mais estrito do termo, aliás, o único que nos interessa sob o ponto de vista de uma teoria do riso. Neste caso chamaremos de *espírito* uma certa disposição ao esboço fugidio de cenas de comédia, mas um esboço tão discreto, tão sutil, tão rápido que tudo já terminou quando começamos a nos dar conta.

Quem são os atores dessas cenas? Com quem o homem de espírito está tratando? A princípio com seus próprios interlocutores, quando o dito é uma réplica direta a um deles. Muitas vezes com alguém ausente que ele supõe ter falado e a quem está respondendo. Quase sempre com todo mundo, quero dizer, com o senso comum, que ele considera parcialmente, transformando uma ideia corrente em um paradoxo, utilizando-se de frases feitas, parodiando uma citação ou um provérbio. Comparem-se essas cenas curtas entre si, veremos que geralmente são variações de um tema da comédia que conhecemos bem, o do "ladrão roubado". Toma-se uma metáfora, uma expressão, um raciocínio e os voltamos contra aquele que os faz ou que poderia fazê-los, de modo que tenha dito o que não queria dizer e que ele próprio venha de alguma maneira enredar-se nas armadilhas da linguagem. Mas o tema do "ladrão roubado" não é o único possível. Passamos em revista muitos tipos de cômico; não há nenhum deles que não possa se aguçar em traço de espirituosidade.

O dito espirituoso se prestará então a uma análise da qual podemos dar agora, por assim dizer, sua fórmula farmacêutica. Eis a fórmula. Tome o dito espirituoso, dê-lhe corpo na representação de uma cena, procure em seguida a categoria cômica a que esta cena pertence: o dito espirituoso se terá reduzido a seus elementos mais simples e teremos dele uma explicação completa.

Apliquemos esse método a um exemplo clássico. "Dói-me o teu peito", escreveu Mme. Sévigné à filha doente. Eis um dito de espírito. Se nossa teoria é correta, bastará apoiar-se nele, dar-lhe corpo, exagerá-lo, para vê-lo explodir em cena cômica. Ora, justamente, encontramos esta pequena cena pronta no *L'amour médecin* (*O amor médico*), de Molière. O falso médico, Clitandro, chamado para cuidar da filha de Sganarello, contenta-se em tomar o pulso do próprio Sganarello para, baseando-se apenas na simpatia que deve existir entre pai e filha, concluir sem hesitação: "Sua filha está muito doente!".[58] Eis a passagem que passa do espirituoso ao cômico. Só nos falta então, para completar nossa análise, procurar o que há de cômico na ideia de fazer o diagnóstico da criança depois da auscultação do pai ou da mãe. Sabemos que uma das formas essenciais da fantasia cômica consiste em nos representar o homem como uma espécie de marionete e que, frequentemente, para nos levarem a formar tal imagem, mostram-nos duas ou mais pessoas que falam e agem como se estivessem ligadas por cordões invisíveis. Não seria esta a ideia aqui sugerida, quando nos levam a, por assim dizer, materializar a simpatia que estabelecemos entre a filha e seu pai?

Compreenderemos então porque os autores que se ocuparam com o espirituoso limitaram-se a observar a extraordinária complexidade das coisas que este termo designa, quase sempre sem conseguir defini-lo. Há muitos modos de ser espirituoso, quase tantos quantos o de não sê-lo. Como perceber o que há de comum entre eles, se não começarmos determinando a relação geral entre o espirituoso e o cômico? Pois, uma vez que se compreenda tal relação, tudo se esclarece. E entre o cômico e o espirituoso descobrimos a mesma relação existente entre uma cena representada e a fugaz indicação de uma cena a ser representada. Tantas quantas forem as formas que o cômico pode assumir, tantas serão as variedades correspondentes do espirituoso. É, portanto, o cômico, em suas diversas formas, que devemos inicialmente definir, descobrindo (o que já é bem difícil) o fio que conduz de

---

58. Cf. Molière, *L'amour médecin*, Ato III, cena 5.

uma forma a outra. Assim fazendo, já teremos analisado o espirituoso, que então aparecerá como não sendo nada mais do que o cômico volatilizado. Seguir o método inverso, procurar diretamente a fórmula do espirituoso, nos leva, ao contrário, ao fracasso certo. O que diríamos do químico que, tendo corpos a sua disposição em seu laboratório, pretendesse estudá-los apenas no estado de simples vestígios etéreos?

No entanto, esta comparação entre o espirituoso e o cômico também nos indica o caminho a seguir para estudar o cômico das palavras. De um lado, com efeito, vimos que não há diferença essencial entre um dito cômico e um dito de espírito e, de outro lado, o dito espirituoso, ainda que ligado a uma figura de linguagem, evoca a imagem, confusa ou nítida, de uma cena cômica. Isto significa que o cômico da linguagem deve corresponder, ponto por ponto, ao cômico das ações e das situações, e que nada mais é, se assim podemos dizer, do que a projeção destes no plano das palavras. Voltemos, portanto, ao cômico das ações e das situações. Consideremos os principais processos pelos quais os obtemos. Apliquemos esses processos à escolha das palavras e à construção das frases. Teremos assim as diversas formas do cômico das palavras e as variedades possíveis do espirituoso.

I. Sabemos que se deixar levar, por rigidez ou velocidade adquirida, a dizer o que não se gostaria de dizer ou a fazer o que não se gostaria de fazer é uma das grandes fontes do cômico. É por isso que a distração é essencialmente risível. É por isso também que rimos do que pode haver de rigidez, de acabado, de mecânico, enfim, nos gestos, nas atitudes e até mesmo nos traços fisionômicos. É possível observar este mesmo tipo de rigidez na linguagem? Sem dúvida, na medida mesma em que há fórmulas prontas e frases estereotipadas. Uma personagem que sempre se exprimisse neste estilo seria invariavelmente cômica. Mas para que uma frase isolada seja cômica por si mesma, separada daquele que a pronuncia, não basta que ela seja uma frase pronta, é preciso ainda que ela traga em si um sinal pelo qual reconheçamos, sem hesitação possível, que ela foi pronunciada automaticamente. E isto só pode acontecer se a frase trouxer em si um absurdo manifesto, como um erro grosseiro ou, sobretudo, uma contradição entre os termos. Donde se segue esta regra geral: *Obteremos um dito cômico ao inserir uma ideia absurda em um modelo de frase consagrado.*

"Este sabre é o dia mais feliz da minha vida"[59], diz M. Prudhomme. Traduza a frase para o inglês ou para o alemão, de cômica, que era em francês, ela se tornará simplesmente absurda. É que "o dia mais feliz da minha vida" é um desses finais de frase prontos aos quais nosso ouvido está habituado. Basta, então, para torná-lo cômico, explicitar o automatismo daquele que o pronuncia. Ao que chegamos se ali inserimos um absurdo. O absurdo não é a fonte do cômico, mas um modo muito simples e eficaz de revelá-lo. Citamos apenas uma fala de M. Prudhomme. Mas a maior parte das falas a ele atribuídas é de mesmo tipo. M. Prudhomme é o homem das frases feitas. E como há frases feitas em todas as línguas, M. Prudhomme é geralmente transponível, ainda que seja raramente traduzível.

Às vezes é um pouco mais difícil perceber a frase feita que, sob seu véu, faz passar o absurdo "Não gosto de trabalhar entre as refeições", disse um preguiçoso. A frase não seria engraçada se não houvesse esse salutar preceito de higiene: "Não se deve comer entre as refeições".

Outras vezes, ainda, esse efeito se complica. No lugar de um só modelo de frase feita, há dois ou três que se encavalam uns sobre os outros. Tomemos, por exemplo, esta fala de uma personagem de Labiche: "Só Deus tem o direito de matar seu semelhante".[60] Parece que nesse caso foram usadas duas proposições que nos são familiares, "Só Deus pode dispor da vida humana", e "É um crime, para o homem, matar seu semelhante". Mas as duas proposições são combinadas de modo a enganar nossa audição e a nos dar a impressão de uma frase que repetimos e aceitamos maquinalmente. Daí se segue uma sonolência de nossa atenção, que o absurdo vem subitamente despertar.

Estes exemplos bastam para explicar como uma das formas mais importantes do cômico se projeta e se simplifica no plano da linguagem. Passemos a uma forma menos geral.

II. "Rimos sempre que nossa atenção é desviada para o aspecto físico de uma personagem quanto é o aspecto moral que está em questão", esta é uma lei que colocamos na primeira parte de nosso trabalho. Vamos aplicá-la agora à linguagem. Podemos dizer que todas as palavras apresentam

---

59. No original: "Ce sabre est le plus beau jour de ma vie".
60. Cf. E. Labiche, *Le Prix Martin*, Ato II, cena 10.

um sentido *físico* e um sentido *moral,* na medida em que as tomamos em sentido próprio ou figurado. Toda palavra a princípio designa um objeto concreto ou uma ação material; mas pouco a pouco o sentido da palavra pode se espiritualizar em relação abstrata ou em ideia pura. Se, portanto, nossa lei se conserva aqui, ela deverá tomar a seguinte forma: *Obtemos um efeito cômico quando fingimos entender uma expressão em seu sentido próprio enquanto esta foi empregada em seu sentido figurado.* Ou, ainda: *Desde que nossa atenção se concentre na materialidade de uma metáfora, a ideia nela expressa se torna cômica.*

"Todas as artes são irmãs". Nesta frase o termo "irmã" é tomado metaforicamente para designar uma semelhança mais ou menos profunda. E estamos tão acostumados a usar o termo nesse sentido que, ao ouvi-lo, não pensamos mais na relação concreta e material implicada por um parentesco. Mas pensaríamos bem mais nisso se nos dissessem: "Todas as artes são primas", porque é menos comum usarmos o termo "prima" em sentido figurado; neste caso o termo assumiria uma nuance levemente cômica. Levemos isso ao extremo, suponhamos que nossa atenção seja violentamente atraída sobre a materialidade da imagem pela escolha de uma relação de parentesco incompatível com o gênero dos termos que esse parentesco deve unir: teremos um efeito risível. Trata-se da fala bastante conhecida, também de M. Prudhomme: "Todas as artes são irmãos".

"Ele corre atrás do espírito" dizem diante de Bouffleurs a respeito de uma personagem pretensiosa. Se Bouffleurs tivesse respondido: "Não o alcançará", haveria aqui o começo de um dito espirituoso, mas apenas o começo, uma vez que o termo "alcançar" é tomado em sentido figurado quase tão frequentemente quanto o termo "correr" e ele não nos constrange com intensidade suficiente a materializar a imagem de dois corredores que se lançam um atrás do outro. Querem saber como a réplica pareceria realmente espirituosa? Basta que emprestemos do vocabulário do esporte um termo tão concreto, tão vivo, que nos seja impossível não assistir a corrida em todos os seus detalhes. Justamente o que faz Bouffleurs: "Eu aposto no espírito".

Dizíamos que o espirituoso consiste, muitas vezes, em prolongar a ideia de um interlocutor até o ponto em que ele expressaria o contrário de seu pensamento ou em que viria a ser pego na armadilha de seu próprio discurso. Acrescentamos agora que essa armadilha é quase sempre uma metáfora ou uma comparação cuja materialidade fazemos com que se volte contra ele. Lembremos daquele diálogo entre uma mãe e seu filho no *Les faux bonshommes* [61] (*Falsos companheiros*): "Meu amigo, a Bolsa é um jogo perigoso. Ganha-se num dia, perde-se no outro. – Pois muito bem, só jogarei de dois em dois dias."[62] E, na mesma peça, o edificante diálogo entre dois financistas: "Será honesto o que fazemos? Afinal, tiramos o dinheiro desses pobres acionistas de seus próprios bolsos..." "E de onde você quer que nós o tiremos?".[63]

Sendo assim, obteremos um efeito divertido quando desenvolvermos um símbolo ou um emblema no sentido de sua materialidade e então fingirmos que aquilo que resultou desse desenvolvimento conserva o mesmo valor simbólico do emblema. Em um divertidíssimo *vaudeville* nos apresentam um funcionário de Mônaco cujo uniforme está coberto de medalhas, ainda que lhe tenha sido conferida apenas uma condecoração: "Acontece, ele diz, que apostei minha medalha na roleta e, como ganhei, pude multiplica-la trinta e seis vezes." Não é um raciocínio análogo o de Giboyer em *Les effrontés* (*Os atrevidos*)? Referindo-se a uma noiva de quarenta anos que enfeitou seu vestido com flores de laranjeira, diz Giboyer [64]: "Ela deveria é levar laranjas".

Mas não acabaríamos nunca se tivéssemos de tomar cada uma das leis que enunciamos e procurar sua verificação naquilo que denominamos o plano da linguagem. Melhor será nos atermos às três proposições gerais do nosso último capítulo. Mostramos que "séries de acontecimentos" podem se tornar cômicas seja por repetição, seja por inversão, seja por interferência. Veremos que o mesmo se dá com séries de palavras.

Tomar séries de acontecimentos e repeti-los em um novo tom, ou em um novo ambiente, ou invertê-los e ainda assim conservar um sentido, ou misturá-los de modo que suas respectivas significações interfiram entre si, isto é cômico, dizíamos, porque se trata de fazer com que a vida se deixe tratar mecanicamente. Mas também o pensamento é coisa que vive. E a linguagem, que traduz o pensamento, deveria ser tão viva quanto ele. Pressentimos assim que uma frase se tornará cômica se mantém um sentido quando invertida, ou quando exprime indiferentemente dois sistemas de ideais independentes ou, ainda, quando transpõe determinada ideia em

---

61. Cf. T. Barrière, E. Capendu, *Les faux bonshommes*.
62. *Ibid.*, Ato II, *cena 7*.
63. *Ibid.*, Ato II, cena 4.
64. Cf. E. Augier, *Les effrontés*, Ato IV, cena 9.

um tom que não é o seu. Tais são, com efeito, as três leis fundamentais do que poderíamos chamar *a transformação cômica das proposições*, como procuraremos mostrar em alguns exemplos.

Notemos de início que essas três leis estão longe de ter uma igual importância no que diz respeito à teoria do cômico. A *inversão* é o procedimento menos interessante. Mas deve ser de fácil aplicação, pois constatamos que os espirituosos profissionais, desde que ouvem uma frase, procuram saber se ela ainda guardará um sentido se for invertida colocando, por exemplo, o sujeito no lugar do predicado e o predicado no lugar do sujeito. Não é raro que este procedimento seja utilizado para refutar uma ideia em termos espirituosos. Em uma comédia de Labiche uma personagem grita para o inquilino do andar de cima, que suja sua varanda: "Por que você limpa seus cachimbos na minha varanda?" Ao que a voz do inquilino responde: "Por que você coloca a sua varanda no caminho dos meus cachimbos?".[65] Mas é inútil insistir nesse tipo de comicidade. Seus exemplos seriam facilmente multiplicáveis.

A *interferência* entre dois sistemas de ideias em uma mesma frase é fonte inesgotável de efeitos cômicos. Há, aqui, muitos modos de obter a interferência, quer dizer, de dar a mesma frase duas significações independentes que se sobrepõem. O menos interessante desses procedimentos é o trocadilho. No trocadilho, é a mesma frase que parece ter dois sentidos independentes; mas isto se dá apenas em aparência pois, na realidade, há duas frases diferentes, compostas por palavras diferentes, que fingimos confundir entre si por nos causarem a mesma impressão auditiva. Do trocadilho passaremos por gradações insensíveis ao verdadeiro jogo de palavras. Neste caso dois sistemas de ideias realmente se recobrem em uma só e mesma frase e tratamos com as mesmas palavras; simplesmente nos aproveitamos da diversidade de sentido que uma palavra pode assumir, sobretudo em sua passagem do sentido próprio para o figurado. É assim que quase sempre encontraremos apenas uma diferença de nuance entre o jogo de palavras, de um lado, e a metáfora poética ou a comparação instrutiva, de outro. Enquanto a comparação que instrui e a imagem que toca nos parecem manifestar o acordo íntimo entre a linguagem e a natureza, encaradas como duas formas paralelas de vida, o jogo de palavras nos faz pensar mais em uma negligência da linguagem, que por alguns instantes se esqueceria de sua verdadeira destinação, pretendendo, então, regular as

---

65. Cf. E. Labiche, *Les suites d'un premier lit*, cena 8.

coisas por ela própria, ao invés de se regular pelas coisas. O jogo de palavras trai, portanto, uma *distração* momentânea da linguagem, e é justamente por isto que ele é engraçado.

Inversão e *interferência*, em resumo, nada mais são do que jogos de espírito que se resolvem em jogos de palavras. Mais profundo é o cômico da transposição. Com efeito, a transposição é para a linguagem corrente o que a repetição é para a comédia.

Dizíamos que a repetição era o procedimento favorito da comédia clássica. Ela consiste em dispor os acontecimentos de modo que a cena se reproduza, seja entre as mesmas personagens em circunstâncias novas, seja entre novas personagens em situações idênticas. É assim que se fará com que os criados repitam, em linguagem menos nobre, uma cena já interpretada pelos patrões. Suponhamos agora ideias expressas no estilo que lhes é próprio, e enquadradas no seu ambiente natural. Se imaginarmos um dispositivo que faça com que elas sejam transportadas para um novo ambiente conservando as relações que mantém entre si ou, em outros termos, se as levarmos a serem expressas em um estilo totalmente diferente e em um outro tom, é a linguagem que, desta vez, nos dará a comédia, a linguagem é que será cômica. De resto, não será necessário que nos apresentem efetivamente as duas expressões da mesma ideia, a expressão transposta e a expressão natural. De fato, conhecemos a expressão natural, pois é ela que encontramos instintivamente. É, portanto, apenas sobre a outra que o esforço de invenção cômica se colocará. Desde que a segunda nos seja apresentada, nós mesmos nos daremos a primeira. *Obteremos um efeito cômico ao transpor a expressão natural de uma ideia em outro tom.*

Os meios de transposição são tão numerosos e tão variados, a linguagem apresenta uma continuidade tão rica de tons, o cômico pode passar por uma gradação tão ampla, que vai desde a zombaria mais rasa até as formas mais elevadas de *humor* e de ironia, que renunciamos a uma enumeração completa. Bastará, depois de ter estabelecido a regra, verificar em um ou outro caso suas principais aplicações.

De início, poderíamos distinguir dois tons extremos, o solene e o familiar. Grandes efeitos podem ser obtidos pela simples transposição de um para o outro. Donde se depreendem duas direções opostas da fantasia cômica.

Transpomos o solene para o familiar? Temos a paródia. E o efeito de paródia, assim definido, se prolongará até nos casos em que a ideia expressa em termos familiares for daquelas que deveriam, ainda que por simples hábito, adotar outro tom. Tomemos como exemplo esta descrição da aurora, citada por Jean-Paul Richter: "O céu começava a passar do negro ao vermelho, assemelhando-se a uma lagosta cozinhando." Observemos nesse sentido que a expressão de coisas antigas em termos da vida moderna produz o mesmo efeito devido à aura de poesia que recobre a antiguidade clássica. Certamente deve ter sido o cômico da paródia que sugeriu a alguns filósofos, em particular Alexander Bain, a ideia de definir o cômico em geral pela *degradação*. O risível nasceria "quando nos representamos algo, anteriormente respeitável, como medíocre e vil".[66] Mas se nossa análise é correta, a degradação é apenas uma das formas da transposição, e a própria transposição é apenas um dos meios de obter o riso. Há muitos outros, e a fonte do riso deve ser procurada em lugar mais elevado. De resto, sem ir muito longe, é fácil perceber que, se a transposição do solene para o trivial, do melhor para o pior é cômica, a transposição inversa pode ser muito mais.

De fato, nós a encontramos tão frequentemente quanto a outra. E, sendo assim, parece que, neste caso, poderíamos distinguir duas formas principais, uma que se refere à *grandeza* dos objetos, outra que se refere ao seu *valor*.

De um modo geral, falar de pequenas coisas como se fossem grandes é *exagerar*. E o exagero é cômico quando é prolongado e, sobretudo, quando é sistemático. Caso em que, justamente, aparece como procedimento de transposição. Tanto nos faz rir, que levou alguns autores a definir o cômico pelo exagero assim como outros o haviam definido pela degradação. Na verdade, o exagero, assim como a degradação, é apenas uma certa forma de uma certa espécie de cômico. Forma, no entanto, bastante expressiva. Deu origem ao poema heroico-cômico, gênero um pouco desgastado, é verdade, mas cujos resquícios são encontrados em todos aqueles que têm propensão a exagerar metodicamente. Nesse sentido, podemos dizer que o hábito de contar vantagens quase sempre nos faz rir por seu lado heroico-cômico.

Mais superficial, porém mais refinada também, é a transposição que se aplica inteiramente ao valor das coisas, e não mais à sua grandeza. Exprimir honestamente uma ideia desonesta, tomar uma situação escabrosa, um trabalho humilhante, ou uma conduta vil e descrevê-los em termos de estrita *respectability*, isto geralmente é cômico. Acabamos de utilizar um

---

66. Cf. Obra recenseada na bibliografia do *Rire*, ed. de 1900. A. Bain, *The emmotions and the will*, 1859, trad. Fr. P.-L. Le Monnier: *Les émotions et la volonté*, Paris, Félix Alcan, 1885, p. 250.

termo inglês; a coisa toda é, ela mesma, bem inglesa. Encontraremos inúmeros exemplos em Dickens, em Thackeray, na literatura inglesa em geral. Notemos ainda que, aqui, a intensidade do efeito não depende de sua extensão. Por vezes basta apenas uma palavra, conquanto que esta palavra nos faça entrever todo um sistema de transposição aceito em um determinado meio, e que de algum modo nos revele uma organização moral da imoralidade. Lembramos daquela observação de um alto funcionário a um de seus subordinados, em uma peça de Gogol: "Você rouba muito para um funcionário do seu estrato".

Para resumir o que precede, diremos que, de início, partimos de dois termos de comparação extremos, o muito grande e o muito pequeno, o maior e o menor, entre os quais a transposição pode ser efetuada em um sentido ou em outro. Agora, se reduzirmos pouco a pouco o intervalo, obteremos termos em contraste cada vez menos brutal e efeitos de transposição cada vez mais sutis.

A mais comum dessas oposições talvez seja aquela do real para o ideal, daquilo que é para aquilo que deveria ser. Aqui, também, a transposição poderá se dar em dois sentidos inversos. Ora enunciaremos aquilo que deveria ser, fingindo acreditar que se trata justamente do que é: nisto consiste a *ironia*. Ora, ao contrário, descreveremos minuciosa e meticulosamente o que é, fingindo acreditar que é justamente assim que as coisas deveriam ser: deste modo procede frequentemente o *humor*. O humor, assim definido, é o inverso da ironia. Eles são, um e outro, formas da sátira, mas a ironia é de natureza oratória, enquanto o humor tem algo de mais científico. Acentua-se a ironia deixando-se elevar cada vez mais alto pela ideia do bem que deveria existir: é por isso que a ironia pode se aquecer interiormente até de algum modo se transformar na eloquência sob pressão. Acentua-se o humor, ao contrário, descendo cada vez mais baixo ao interior do mal existente, para notar suas particularidades com uma indiferença cada vez mais fria. Muitos autores, Jean Paul entre outros, observaram que o humor gosta dos termos concretos, dos detalhes técnicos, dos fatos precisos. Se nossa análise é correta, não se trata de um traço acidental do humor, mas se trata, onde ele se encontra, de sua própria essência. O humorista é aqui um moralista que se disfarça de homem de ciência, algo como um anatomista que só faria suas dissecações para nos causar sofrimento; e o humor, no sentido preciso em que consideramos este termo, é justamente uma transposição do moral no científico.

Reduzindo ainda mais o intervalo entre os termos transpostos uns nos outros, obteremos sistemas de transposição cômica cada vez mais específicos. Consideremos, por exemplo, o vocabulário técnico de certas profissões. Quantos efeitos risíveis não foram obtidos transpondo ideias da vida comum para a linguagem profissional! Igualmente cômica é a extensão da linguagem dos negócios para as relações pessoais. Por exemplo, esta fala de uma personagem de Labiche, ao aludir a um convite recebido por carta – "Sua gentil carta, de 3 do mês precedente" –, que transpõe a fórmula comercial – "Sua honorável carta, de 3 do mês corrente".[67] Este gênero cômico pode atingir uma profundidade ainda mais particular quando não provém apenas de um hábito profissional, mas de um vício de caráter. Lembremos das cenas dos *Faux bonshommes* (Falsos companheiros) e de *La famille Benoiton* (A família Benoiton) em que o casamento é tratado como um negócio, e as questões sentimentais se colocam em termos estritamente comerciais.[68]

Tocamos aqui, no entanto, o ponto em que as particularidades da linguagem apenas traduzem as particularidades de caráter; particularidades de caráter cujo estudo mais aprofundado reservamos para o próximo capítulo. Assim, como era de se esperar, e como pudemos ver pelo que precede, o cômico das palavras segue de perto o cômico de situação e vem se perder, juntamente com este último gênero, no cômico de caráter. A linguagem só produz efeitos risíveis porque é obra humana, modelada, tanto quanto possível, sobre as formas do espírito humano. Sentimos que nela vive algo de nossa vida; e se esta vida da linguagem fosse completa e perfeita, se não houvesse nela nada de fixo, se a linguagem fosse, enfim, um organismo unificado, incapaz de se cindir em organismos independentes, ela escaparia ao cômico, como de resto também escaparia uma alma harmoniosamente fundida, unida com a vida, semelhante a um tranquilo espelho d'água. Mas não há lago que não deixe flutuar folhas mortas em sua superfície, não há alma humana sobre a qual não se depositem hábitos que a tornam rígida em relação a si mesma enrijecendo-a em relação às demais; não há língua, enfim, suficientemente maleável, suficientemente viva, suficientemente presente, toda e inteira em cada uma de suas partes, para eliminar

---

67. Cf. E. Labiche, *Doit-on le dire*, Ato III, cena 5.
68. Cf. Victorien Sardou, *La famille Benoiton* (1866); T. Barrière e E. Capendu, *Les faux bonshommes*, por exemplo, Ato I, cena 6.

o *inteiramente feito* e também para resistir à operações mecânicas de inversão, de transposição etc., que gostaríamos de executar sobre ela como sobre uma simples coisa. O rígido, o inteiramente feito, o mecânico, por oposição ao maleável, ao continuamente movente, ao vivo; a distração por oposição à atenção, enfim, o automatismo por oposição à atividade livre, eis, em suma, o que o riso enfatiza desejando corrigir. Esperávamos que esta ideia esclarecesse nosso ponto de partida quando nos engajamos na análise do cômico. Nós a vimos brilhar em todas as decisivas reviravoltas de nosso caminho. Por ela iremos abordar, agora, uma investigação mais importante e, esperamos, mais instrutiva. Propomo-nos, com efeito, a estudar os caráteres cômicos, sobretudo a determinar as condições essenciais da comédia de caráter, esperando, entretanto, que este estudo contribua para a compreensão da verdadeira natureza da arte, bem como da relação geral entre a arte e a vida.

CAPÍTULO III

O CÔMICO DE CARÁTER

I

Seguimos o cômico através de suas inúmeras idas e vindas, buscando o modo pelo qual ele se infiltra em uma forma, uma atitude, um gesto, uma situação, uma ação, uma palavra. Agora, com a análise dos caráteres cômicos, chegamos à parte mais importante de nosso trabalho. Ela seria, aliás, a mais difícil se tivéssemos cedido à tentação de definir o risível por meio de alguns exemplos flagrantes e, consequentemente, grosseiros. Neste caso, à medida que nos elevássemos no sentido das mais altas manifestações do cômico, teríamos visto os fatos deslizarem entre as malhas muito largas da definição que gostaria de retê-los. Mas o fato é que seguimos o método inverso. Dirigimos nossa luz de cima para baixo. Convencidos de que o riso tem um significado e uma amplitude sociais, que o riso expressa, antes de tudo, uma certa inadaptação particular da pessoa à sociedade, que, enfim, apenas o homem é cômico, é o homem, o caráter que visamos desde o início. Sendo assim, a dificuldade era bem mais a de explicar porque rimos de outra coisa que não do caráter, e por quais sutis fenômenos de impregnação, de combinação ou de mistura o cômico pode se insinuar em um simples movimento, em uma situação impessoal, em uma frase solta. Este o trabalho feito até aqui. Tínhamos o metal puro e nossos esforços tentavam reconstituir o minério. Mas é o próprio metal que vamos estudar agora. Nada mais fácil, pois trataremos então com um elemento simples. Olhemos mais de perto e vejamos como ele reage com o resto.

Há estados de alma, dizíamos, que nos comovem assim que com eles entramos em contato, alegrias e tristezas com as quais simpatizamos, paixões e vícios que causam assombro, terror, ou mesmo piedade naqueles que os contemplam, enfim, sentimentos que se prolongam de alma em alma por simples ressonância. Tudo isso diz respeito ao que é essencial à vida. Tudo isso é sério, por vezes, trágico. A comédia só pode ter início quando a pessoa do outro deixa de nos interessar. E ela se inicia com aquilo que podemos chamar de *enrijecimento contra a vida social*. É cômica a personagem que segue automaticamente seu caminho sem se preocupar com os demais. O riso está aí para corrigir sua distração e para tirá-la de seu sonho. Caso se possa comparar coisas grandes com pequenas, lembremos do que ocorre nos processos de admissão de nossas escolas. Quando o candidato superou as temíveis provas do exame, restam-lhe ainda outras a enfrentar, aquelas que seus colegas mais velhos lhes preparam para conformá-lo à nova sociedade em que adentra e, como dizem, para dar maleabilidade ao caráter. Toda pequena sociedade que se forma no âmbito de uma maior é levada assim, por um vago instinto, a inventar um modo de correção e de flexibilização da rigidez dos hábitos contraídos alhures e que se trata de modificar. A sociedade propriamente dita não procede de outro modo. É preciso que cada um de seus membros fique atento ao que o cerca, modele-se sobre o que o circunda, evite, enfim, fechar-se em seu caráter como em uma torre de marfim. E é por isso que ela faz pairar sobre cada um, se não a ameaça de uma correção, ao menos a perspectiva de uma humilhação, que, por ser leve, não é menos temida. Tal deve ser a função do riso. Sempre um pouco humilhante para aquele que é seu objeto, o riso é na verdade uma espécie de trote social.

Daí o caráter equívoco do cômico, nem pertence totalmente à arte nem totalmente à vida. Por um lado, as personagens da vida real não nos fariam rir se não fôssemos capazes de assistir às suas aventuras como a um espetáculo que vemos do alto de nosso camarote; eles somente são cômicos aos nossos olhos na medida em que agem como se representassem uma comédia. Mas, por outro lado, mesmo no teatro o prazer de rir não é um prazer puro, isto é, um prazer puramente estético, absolutamente desinteressado. A ele se mistura um pensamento de fundo, pensado por nós pela sociedade, quando não o pensamos por nós mesmos. Nele entra a intenção não declarada de humilhar e, por ela, é verdade, de corrigir, pelo menos exteriormente. É por isso que a comédia está muito mais próxima da vida humana do que o drama. Quanto maior for um drama, mais profunda é a elaboração a que o poeta deve submeter a realidade para dela retirar o trágico em estado puro. Ao contrário, é apenas nas suas formas inferiores, no *vaudeville* e na farsa, que a comédia se distingue do real. Quanto mais ela se eleva, tanto mais se confunde com a vida, e há cenas da vida real que se avizinham de tal modo da alta comédia que o teatro poderia apropriar-se delas sem mudar uma só palavra.

Disto se segue que os elementos do caráter cômico serão os mesmos no teatro e na vida. Quais são eles? Não teremos dificuldade em deduzi-los. É comum dizer que são os defeitos *leves* de nossos semelhantes que nos fazem rir. Reconheço haver grande parte de verdade nessa opinião, mas não consigo acreditar que ela seja totalmente correta. Para começar, em matéria de defeitos, é difícil traçar o limite entre o leve e o grave. Talvez não seja por ser leve que um defeito nos faça rir, mas, porque ele nos faz rir, o achamos leve; nada desarma tanto quanto o riso. Mas podemos avançar um pouco mais e sustentar que há defeitos dos quais todos rimos, mesmo sabendo que são graves. A avareza de Harpagão,[69] por exemplo. E, por fim, é preciso confessar – ainda que nos custe um pouco dizer – que não rimos apenas dos defeitos de nossos semelhantes, mas, por vezes, também de suas qualidades. Rimos de Alceste.[70] Diremos que não é a honestidade de Alceste que é cômica, mas a forma particular que a honestidade assume nele e, em suma, certa imperfeição que a estraga. O que é perfeitamente compreensível. Mas nem por isso é menos verdade que essa imperfeição de Alceste, da qual rimos, torna sua honestidade risível, e eis o ponto importante. Concluímos, portanto, que o cômico nem sempre é indício de um defeito, no sentido moral do termo, e que, caso se insista em ver aqui um defeito, e um defeito leve, será preciso indicar por qual signo preciso se distingue, nesse caso, o leve do grave.

A verdade é que, a rigor, a personagem cômica pode estar em total acordo com estrita moral. Falta a ela entrar em acordo com a sociedade. O caráter de Alceste é o de um perfeito cavalheiro. Mas ele é antissocial e, por isso mesmo, cômico. Um vício flexível será mais difícil de ridicularizar do que uma virtude inflexível. É a rigidez que é suspeita para a sociedade. É, portanto, a rigidez de Alceste que nos faz rir, ainda que a rigidez, neste caso, seja honestidade. Qualquer um que se isola se expõe ao ridículo, porque o cômico é feito, em grande parte, desse próprio isolamento. Desse modo se explica que o cômico seja quase sempre relativo aos costumes, às ideias – em uma palavra, aos preconceitos de uma sociedade.

---

69. Cf. Molière, *L'avare* (*O avarento*), 1688.
70. Cf. Molière, *Le misanthrope* (*O misantropo*), 1666.

No entanto, é preciso reconhecer, em respeito à humanidade, que o ideal social e o ideal moral não diferem essencialmente. Por isso podemos admitir que, de um modo geral, são realmente os defeitos dos outros que nos fazem rir – ainda que se deva acrescentar que, na verdade, esses defeitos nos fazem rir mais em razão de sua *insociabilidade* do que de sua *imoralidade*. Restaria saber, então, quais são os defeitos que podem se tornar cômicos, e em que casos os julgamos demasiadamente graves para deles rir. Mas, a esta questão, nós já respondemos implicitamente. O cômico, dizíamos, se dirige à inteligência pura; o riso é incompatível com a emoção. Descreva-me o mais leve dos defeitos; se ele me for apresentado de modo a despertar minha simpatia, ou meu temor, ou minha piedade, está tudo acabado, não conseguirei rir dele. Escolha, ao contrário, um vício profundo e até mesmo odioso. Você poderá torná-lo cômico se, desde o início, conseguir, por meio dos artifícios apropriados, fazer com que ele me deixe insensível. Não digo que por isto o vício será cômico; digo que, a partir disto, ele poderá se tornar cômico. *Ele não pode me comover,* eis a única condição realmente necessária, ainda que, certamente, não suficiente.

Mas o que o poeta cômico deverá fazer para impedir que eu me comova? A questão é embaraçosa. Para esclarecê-la será necessário engajar-se em uma série de novas investigações, analisar a simpatia artificial que levamos ao teatro, determinar em que casos aceitamos, em que caso recusamos compartilhar alegrias e sofrimentos imaginários. Há uma arte de adormecer nossa sensibilidade e de lhe preparar sonhos, assim como se faz com um sujeito hipnotizado. E há também uma arte de desencorajar nossa simpatia no momento preciso em que ela poderia se oferecer, de tal modo que a situação, mesmo séria, não seja levada a sério. Dois procedimentos parecem dominar esta última arte exercida pelo poeta cômico mais ou menos conscientemente. O primeiro consiste em *isolar* na alma da personagem o sentimento que lhe emprestamos, e fazer dele, por assim dizer, um estado parasita dotado de uma existência independente. Em geral, um sentimento intenso invade cada vez mais todos os outros estados da alma e os tinge da coloração que lhe é própria. Se, então, nos fizerem assistir a essa impregnação gradual, acabaremos, pouco a pouco, por nos impregnar a nós mesmos com uma emoção correspondente. Poderíamos dizer – para recorrer a outra imagem – que uma emoção é dramática, comunicativa, quando nela é dada a nota fundamental com todos os seus harmônicos. É porque o ator vibra inteiramente que, de seu lado, o público poderá vibrar. Ao contrário, na emoção que nos deixa indiferentes, e que se tornará cômica, há uma *rigidez* que a impede de entrar em relação com o restante da alma na qual ela se aloja. Tal rigidez poderá se denunciar, em um determinado momento, por um movimento de marionete e então provocar o riso, mas já contrariava anteriormente a nossa simpatia. Como se colocar em uníssono com uma alma que não se põe em uníssono consigo mesma? Há, em *O avarento*, uma cena que roça o drama. É aquela na qual o endividado e o usurário, que ainda não haviam se visto, encontram-se face a face e descobrem que são pai e filho. Estaríamos aqui verdadeiramente em um drama se a avareza e o sentimento paternal, que se entrechocam na alma de Harpagão, chegassem a uma combinação mais ou menos original. Mas não é o que acontece. O encontro nem bem terminou e o pai já se esqueceu de tudo. Vendo novamente o filho, alude frivolamente à cena tão grave: "E você, meu filho, a quem tive a bondade de perdoar a história de há pouco, etc." A avareza passou, portanto, ao largo do restante sem tocá-lo, sem ser tocada, *distraidamente*. Ela poderia ter se instalado na alma, poderia ter se tornado dona da casa, mas permanece uma simples estrangeira. Qualquer outra seria uma avareza trágica. Nós a veríamos atraí-las para si, absorvê-las e assimilá-las, nelas se transformando, as diversas potências do ser: sentimentos e afecções, desejos e aversões, vícios e virtudes, tudo isso se tornaria matéria à qual a avareza comunicaria um novo gênero de vida. Tal parece ser a primeira diferença essencial entre a alta comédia e o drama.

Há uma segunda, mais perceptível, e que deriva, de resto, da primeira. Quando nos descrevem um estado de alma com a intenção de torná-lo dramático ou simplesmente de nos fazer levá-lo a sério, ele é gradativamente encaminhado no sentido das ações que nos dão dele sua medida exata. É deste modo que o avaro fará tudo com vistas ao ganho, e o falso devoto, afetando visar apenas ao céu, manipulará o mais habilmente possível as coisas da terra. Certamente a comédia não exclui combinações desse tipo; como prova, temos as maquinações de Tartufo.[71] Mas isso é o que a comédia tem em comum com o drama, e, para dele se distinguir, para nos impedir de tomar a sério a ação séria, para, enfim, nos preparar para rir, ela usa um meio que formulo do seguinte modo: *em lugar de concentrar nossa atenção nos atos, ela a dirige sobretudo para os gestos.* Entendo, aqui, por gestos, as

---

71. Cf. Molière, *Le tartuffe (O tartufo)*, 1664.

atitudes, os movimentos e, mesmo, os discursos pelos quais um estado de alma se manifesta sem objetivo, sem proveito, apenas por efeito de um tipo de comichão interior. O gesto assim definido difere profundamente da ação. A ação é desejada, em todo caso, é consciente. O gesto escapa, é automático. Na ação, é a pessoa inteira que se dá; no gesto é uma parte isolada da pessoa que se expressa, a despeito, ou, ao menos, separadamente da totalidade da personalidade. Enfim (e este é o ponto principal), a ação é exatamente proporcional ao sentimento que inspira; há aqui uma passagem gradual, de modo que nossa simpatia ou nossa aversão podem fluir ao longo do fio que vai do sentimento ao ato e nele se interessar progressivamente. Mas o gesto tem algo de explosivo, que desperta nossa sensibilidade prestes a se deixar adormecer e, deste modo, ao nos fazer voltar a si, nos impede de levar as coisas a sério. Assim, desde que nossa atenção se volta para o gesto e não para o ato estaremos na comédia. Por suas ações, a personagem de Tartufo pertenceria ao drama. É quando nos atemos sobretudo aos seus gestos que o achamos cômico. Lembremos-nos de sua entrada em cena. "Laurent, venha prender-me o silício."[72] Ele sabe que Dorine o escuta, mas, acredite, ele diria o mesmo ainda que ela não estivesse ali. Ele entrou tão completamente no papel de hipócrita, que o desempenha, por assim dizer, sinceramente. É por isto, e apenas por isto, que pode se tornar cômico. Sem essa sinceridade material, sem as atitudes e a linguagem que uma longa prática de hipocrisia converteu em gestos naturais, Tartufo seria simplesmente odioso, pois só pensaríamos no que há de intencional em sua conduta. Compreendemos então por que a ação é essencial ao drama e acessória à comédia. Na comédia sentimos que se teria podido escolher qualquer outra situação para nos apresentar a personagem: teria sido ainda o mesmo homem, em uma situação diferente. O mesmo não parece ocorrer em relação ao drama. Aqui, personagens e situações estão como que fundidos, melhor dizendo, os acontecimentos são parte integrante das pessoas, de modo que se o drama nos contasse uma outra história, mesmo que mantivéssemos os mesmos nomes para os mesmos atores, estaríamos diante de outras pessoas.

Em resumo, vimos que um caráter pode ser bom ou mal, pouco importa; se for antissocial, poderá tornar-se cômico. Vemos agora que a gravidade do caso tampouco está em questão; grave ou leve, poderá nos fazer

---

72. Cf. Molière, *Le tartuffe*, Ato iii, cena 2.

rir se tudo for arranjado para que ele não nos comova. *Insociabilidade* da personagem, *insensibilidade* do espectador, eis, em resumo, as duas condições essenciais. Mas há uma terceira, implicada nestas duas, e para a qual tendem todas as nossas análises feitas até aqui.

Trata-se do automatismo. Temos mostrado desde o início deste trabalho e sempre chamado a atenção sobre esse ponto: nada há de essencialmente risível senão o que é realizado automaticamente. Em um defeito, mesmo em uma qualidade, o cômico é aquilo pelo que a personagem age à sua revelia, o gesto involuntário, a palavra inconsciente. Toda distração é cômica. E quanto mais profunda for a distração, mais elevada será a comédia. Uma distração sistemática como a de Dom Quixote é o que pode haver de mais cômico: ela é o próprio cômico, bebido diretamente da fonte. Tomemos qualquer outra personagem cômica. Por mais consciente que ela possa ser sobre o que diz e sobre o que faz, se é cômica é porque há um aspecto de sua pessoa que ela ignora, um lado pelo qual se esconde a si mesmo. E será justamente por isto que nos fará rir. As falas profundamente cômicas são as falas ingênuas que colocam a nu um vício. Como alguém capaz de ver a si mesmo e de julgar-se a si mesmo se deixaria revelar desse modo? Não é raro uma personagem cômica reprovar uma certa conduta geral e dela dar o exemplo particular: o professor de filosofia de M. Jourdain altercando depois de haver postulado contra a cólera,[73] Vadius tirando versos do bolso depois de zombar dos leitores de versos,[74] etc. A que servem essas contradições senão para nos fazer tocar com as mãos a inconsciência da personagem? Desatenção em relação a si e, consequentemente, em relação ao outro, eis com o que topamos sempre. E se examinarmos as coisas mais de perto, veremos que, neste caso, a desatenção se confunde justamente com o que chamamos de insociabilidade. A causa da rigidez por excelência é deixar de olhar ao redor de si e, sobretudo, para si. Como modelar sua pessoa na de outra se não se começar por travar conhecimento com os outros e, também, consigo mesmo? Rigidez, automatismo, distração, insociabilidade, tudo isso se penetra e é de tudo isso que é feito o cômico de caráter.

Em resumo, se deixarmos de lado aquilo que, na pessoa humana, toca nossa sensibilidade e pode nos comover, o restante poderá se tornar cômico, e o cômico estará em razão direta com a porção de rigidez que aí se

---

73. Cf. Molière, *Le bourgois gentilhomme* (*O burguês fidalgo*), 1670. Ato ii, cena 3.
74. Cf. Molière, *Les femmes savantes* (*As sabichonas*), 1672. Ato iii, cena 3.

manifestará. Formulamos essa ideia desde o início de nosso trabalho. Nós a verificamos em suas principais consequências. Acabamos de aplicá-la à definição da comédia. Devemos agora considerá-la ainda mais de perto e mostrar como ela nos permite marcar o lugar exato da comédia em meio às outras artes.

Em um certo sentido podemos dizer que todo *caráter* é cômico se entendermos por caráter o que há de pronto, de já feito, em nossa pessoa, o que em nós se encontra no estado de um mecanismo que, uma vez montado, pode funcionar automaticamente. Será, se assim podemos dizer, aquilo pelo que nos repetimos a nós mesmos. E será também, consequentemente, aquilo pelo que os outros poderão nos imitar. A personagem cômica é um *tipo*. Inversamente, a semelhança com um tipo tem algo de cômico. Podemos conviver por muito tempo com uma pessoa sem nada descobrir nela de risível. Se nos aproveitamos de uma aproximação acidental para aplicar a ela o nome do herói conhecido de um drama ou de um romance, aos nossos olhos, ao menos por um instante, ela roçará o ridículo. E, no entanto, esta personagem de romance pode não ser cômica. Mas a pessoa é cômica por se assemelhar a ela. É cômica por se distrair de si mesma. É cômica por vir inserir-se, por assim dizer, em um quadro já pronto. E, o que é cômico, acima de tudo, é passar, ela mesma, a ser o quadro no qual outros irão se inserir, é solidificar-se em caráter.

Pintar caráteres, ou seja, tipos gerais, eis o objeto da alta comédia. Isso já foi dito muitas vezes. Mas nós o repetimos novamente porque achamos que esta fórmula basta para definir a comédia. Com efeito, a comédia não apenas nos apresenta tipos gerais, mas, a nosso ver, é *a única* arte que visa o geral, de modo que, uma vez que lhe seja atribuída essa tarefa, dizemos o que ela é, e o que as demais não podem ser. Para provar que esta é justamente a essência da comédia, e que por isto ela se opõe à tragédia, ao drama, às outras formas de arte, seria preciso começar por definir o que a arte tem de mais elevado. Veríamos então, descendo pouco a pouco até a poesia cômica, que ela se encontra na fronteira entre a arte e a vida e que ela se distingue, por seu caráter de generalidade, das demais artes. Não podemos nos lançar aqui a um estudo tão vasto. Entretanto, somos obrigados a esboçar o seu plano para não corrermos o risco de negligenciar o que, para nós, há de essencial no teatro cômico.

Qual é o objeto da arte? Se a realidade atingisse diretamente nossos sentidos e nossa consciência, se pudéssemos entrar em comunicação imediata com as coisas e conosco mesmos, acredito que a arte seria inútil, ou antes que seríamos todos artistas, pois então nossa alma vibraria continuamente em uníssono com a natureza. Nossos olhos, auxiliados por nossa memória, recortariam no espaço e fixariam no tempo quadros inimitáveis. Nosso olhar apreenderia de passagem, esculpido no mármore do corpo humano, fragmentos de estátuas tão belas quanto as da estatuária antiga. Ouviríamos cantar no fundo de nossa alma, como uma música, por vezes alegre, amiúde plangente, sempre original, a ininterrupta melodia de nossa vida interior. Tudo isso está ao nosso redor, está dentro de nós e, no entanto, nada disso é por nós percebido distintamente. Entre a natureza e nós, que digo? Entre nós e nossa própria consciência, um véu se interpõe, véu espesso para a maioria dos homens, véu leve, quase transparente, para o artista e o poeta. Que fada teceu esse véu? Isto foi feito por malícia ou por amizade? Era preciso viver, e a vida exige que apreendamos as coisas na relação que elas estabelecem com as nossas necessidades. Viver consiste em agir. Viver é aceitar dos objetos apenas sua impressão *útil* para a ela responder por reações apropriadas: as demais impressões devem obscurecer-se ou chegar a nós apenas confusamente. Olho e acredito ver, ouço e acredito escutar, estudo a mim mesmo e acredito ler o fundo de meu coração. Mas o que vejo e o que escuto do mundo exterior é apenas o que meus sentidos extraem dele para esclarecer minha conduta; o que conheço de mim mesmo é o que aflora à superfície, o que toma parte na ação. Meus sentidos e minha consciência, portanto, me oferecem da realidade apenas uma simplificação prática. Na visão que me dão das coisas e de mim mesmo as diferenças inúteis ao homem são apagadas; as semelhanças úteis ao homem são acentuadas; caminhos são traçados para mim de antemão, nos quais minha ação se engajará. Caminhos que a humanidade inteira percorreu antes de mim. As coisas foram classificadas com vistas ao proveito que delas eu poderia tirar. E é essa classificação que percebo, muito mais do que a cor e a forma das coisas. A esse respeito, sem dúvida o homem já se encontra em situação bastante superior à do animal. É muito pouco provável que os olhos do lobo distingam entre o cabrito e o carneiro; para o lobo, trata-se de duas presas idênticas, igualmente fáceis de caçar, igualmente boas para devorar. Nós fazemos uma diferença entre a cabra e a ovelha; mas distinguimos uma cabra de outra, uma ovelha de outra? A *individualidade* dos seres e das coisas nos escapa todas as vezes em que não é materialmente útil percebê-la. E mesmo ali onde a apreendemos (por exemplo quando distinguimos um homem de outro homem), não é a individualidade propriamente dita que nosso olhar capta, ou seja, uma certa harmonia totalmente original de formas e cores, mas apenas um ou dois traços que facilitarão o reconhecimento prático.

Enfim, para resumir, não vemos as coisas mesmas; limitamo-nos, na maioria das vezes, a ler as etiquetas coladas sobre elas. Essa tendência, que tem origem na necessidade, acentuou-se ainda mais sob a influência da linguagem. Pois as palavras (com exceção dos nomes próprios) designam gêneros. A palavra, que só destaca da coisa sua função mais comum e seu aspecto mais banal, insinua-se entre ela e nós e mascararia sua forma aos nossos olhos se essa forma já não tivesse sido dissimulada pelas necessidades mesmas que criaram as palavras. E não se trata apenas dos objetos exteriores; trata-se também de nossos próprios estados de alma que se ocultam para nós no que eles têm de íntimo, de pessoal, de originalmente vivido. Quando experimentamos o amor ou o ódio, quando nos sentimos alegres ou tristes, podemos dizer que o que chega à nossa consciência é nosso sentimento mesmo, com todas as mil nuances fugidias e mil ressonâncias profundas que fazem dele algo de absolutamente nosso? Todos seríamos então romancistas, poetas, músicos. Mas na maior parte do tempo percebemos de nosso estado de alma apenas seu desenvolvimento exterior. Aprendemos de nossos sentimentos somente seu aspecto impessoal, aquele que a linguagem destacou definitivamente, porque é quase o mesmo, nas mesmas condições, para todos os homens. De modo que, até mesmo em relação ao próprio indivíduo que somos, nossa individualidade nos escapa. É entre generalidades e signos que nos movemos, como em um campo fechado, no qual nossa força se mede utilmente com outras forças; e, fascinados pela ação, atraídos por ela, vivemos, com vistas ao nosso maior proveito, no terreno por ela escolhido, em uma zona intermediária entre as coisas e nós, exterior às coisas, exterior também a nós mesmos. Mas, de quando em quando, por distração, a natureza suscita almas mais desprendidas da vida. Não falo desse desprendimento desejado, raciocinado, sistemático, que é obra da reflexão e da filosofia. Falo de um desprendimento natural, inato à estrutura dos sentidos e da consciência, e que se manifesta imediatamente em um modo algo virginal de ver, de ouvir e de pensar. Se esse desprendimento fosse completo, se a alma não mais aderisse à ação por nenhuma de suas percepções, ela seria a alma de um artista como o mundo jamais viu. Seria excelente em todas as artes ao mesmo tempo, ou, sobretudo, fundiria a todas em uma só. Perceberia todas as coisas em sua pureza original, tanto as formas, as cores e os sons do mundo material quanto os mais sutis movimentos da vida interior. Mas é pedir muito à natureza. Mesmo para aqueles dentre nós que ela fez artistas, foi acidentalmente, e apenas parcialmente, que levantou o véu. Somente em uma direção esqueceu-se de atar a percepção à necessidade. E como cada direção corresponde ao que chamamos um *sentido*, comumente é por apenas um desses sentidos que o artista se volta para a arte. Donde, em sua origem, a diversidade da arte. Donde, também, a especialidade das predisposições. Aquele se prenderá às cores e às formas, e como ele ama a cor pela cor, a forma pela forma, como ele as percebe por elas e não por ele, é a vida interior das coisas que ele verá transparecer por suas formas e suas cores. Ele a fará entrar pouco a pouco em nossa percepção de início desconcertada. Por um momento, ao menos, ele nos desprenderá dos prejuízos da forma e da cor que se interpõem entre nós e a realidade. E realizará a mais alta ambição da arte, a de revelar a natureza. Outros se voltarão sobre si mesmos. Sob as mil ações nascentes que se desenham ao redor de um sentimento, por trás da palavra banal e social que expressa e recobre um estado de alma individual, é o sentimento, o estado de alma simples e puro que irão procurar. E para nos induzir a tentar o mesmo esforço sobre nós mesmos, se empenharão em nos fazer ver algo do que eles viram. Por arranjos rítmicos de palavras, que deste modo passam a se organizar e se animar por uma vida original, nos dizem ou, sobretudo, nos sugerem coisas que a linguagem não foi feita para expressar. Outros escavarão ainda mais profundamente. Sob essas alegrias e essas tristezas, que a rigor podem se traduzir em palavras, apreenderão algo que nada mais tem em comum com a palavra, certos ritmos de vida e de respiração que são mais interiores ao homem que seus sentimentos mais interiores, a lei viva, variável em cada pessoa, de sua depressão e de sua exaltação, de seus arrependimentos e de suas esperanças. Ao libertar, ao acentuar essa música, eles a imporão à nossa atenção; farão com que involuntariamente nos insiramos nela, como espectadores de passagem que começam a dançar. E também por isso nos farão tocar, no fundo de nós mesmos, algo que esperava o momento para vibrar. – Sendo assim, quer seja pintura, escultura, poesia ou música, a arte tem como único objetivo descartar os símbolos praticamente úteis, as generalidades acentuadas convencional e socialmente, enfim, tudo o que mascara a realidade com vistas a nos colocar face à própria realidade. É de um mal-entendido a esse respeito que nasceu o debate entre realismo e idealismo na arte. Certamente a arte nada mais é do que uma visão mais direta da realidade. Mas essa pureza de percepção implica uma ruptura com a convenção útil, um desinteresse inato e especialmente localizado dos sentidos ou da consciência, enfim, uma certa imaterialidade da vida, que é o que costumamos chamar idealismo. De modo que podemos dizer, sem jogar com o sentido das palavras, que o realismo está na obra quando o idealismo está na alma, e que é apenas por força da idealidade que retomamos contato com a realidade.

A arte dramática não faz exceção a essa lei. O que o drama vai buscar, para trazer a plena luz, é uma realidade profunda que nos é velada, quase sempre em nosso próprio proveito, pelas necessidades da vida. Que realidade é essa? Quais são essas necessidades? Toda poesia expressa estados da alma. Mas entre estes estados há aqueles que nascem sobretudo do contato do homem com seus semelhantes. São os sentimentos mais intensos e também os mais violentos. Assim como as cargas elétricas que se atraem e se acumulam entre as duas placas de um condensador de onde se produzirá a faísca, também entre os homens, apenas por estarem em presença uns dos outros, produzem-se atrações e repulsões profundas, completas rupturas de equilíbrio, enfim, esta eletrificação da alma que é a paixão. Se o homem se abandonasse ao movimento de sua alma sensível, se não houvesse nem lei social nem moral, a explosão de sentimentos violentos seria o que há de mais comum na vida. Mas é útil que essas explosões sejam exorcizadas. É necessário que o homem viva em sociedade e que se submeta, portanto, a uma regra. E aquilo que o interesse aconselha, a razão ordena. Há um dever, e nosso destino é obedecer. Sob essa dupla influência formou-se, no gênero humano, uma camada superficial de sentimentos e ideias que tendem à imutabilidade, que se pretendem comuns a todos os homens e que recobrem, quando não têm força para abafar, o fogo interior das paixões individuais. O lento progresso da humanidade no sentido de uma vida social cada vez mais pacificada consolidou pouco a pouco essa camada, do mesmo modo em que a própria vida no nosso planeta realizou um longo esforço para recobrir de uma crosta sólida e fria a massa ígnea dos metais em ebulição. Mas há as erupções vulcânicas. E se a terra fosse um ser vivo, como o quer a mitologia, talvez gostasse, ao repousar, de sonhar com essas explosões bruscas pelas quais subitamente pudesse retomar o que possui de mais profundo. É um prazer desse tipo que o drama nos proporciona. Sob a vida tranquila, burguesa, que a sociedade e a razão compuseram, ele agita em nós algo que felizmente não mais explode, mas cuja tensão interior nos faz sentir. Ele dá à natureza sua revanche contra a sociedade. Por vezes irá direto ao ponto; chamará para a superfície as paixões profundas que fazem tudo saltar pelos ares. Por vezes agirá obliquamente, como costuma fazer o drama contemporâneo. Então nos revelará, com habilidade quase sempre sofística, as contradições que a sociedade mantém consigo mesma; exagerará o que pode haver de artificial na lei social; e assim, por um desvio, dissolvendo desta vez a cobertura, nos fará tocar o fundo. Mas, nos dois casos, seja ao enfraquecer a sociedade seja ao reforçar a natureza, persegue o mesmo objetivo, que é o de nos revelar uma parte oculta de nós mesmos, que poderíamos identificar como o elemento trágico de nossa personalidade. Temos essa impressão ao sair de um bom drama. O que nos interessou, foi menos o que nos contaram dos outros do que o que nos fizeram entrever de nós mesmos; todo um mundo confuso de coisas vagas que quereriam ter se realizado e que, felizmente para nós, não o conseguiram. Parece, ainda, que nos foi lançado um apelo a lembranças atávicas infinitamente antigas; tão profundas, e tão estranhas à nossa vida atual, que esta surge durante alguns instantes diante de nós como irreal ou convencional, algo de que se deva fazer um novo aprendizado. Trata-se, portanto, de uma realidade bem mais profunda que, sob as aquisições mais úteis, o drama vai buscar, e essa arte tem o mesmo objeto que as demais.

Disso se segue que a arte sempre visa ao *individual*. O que o pintor fixa sobre a tela é o que ele viu em certo lugar, certo dia, a certa hora, com cores que não se poderá rever. O que o poeta canta é um estado de alma que foi seu, apenas seu, e que não ocorrerá novamente. O que o dramaturgo nos coloca diante dos olhos é a evolução de uma alma, uma trama viva de sentimentos e acontecimentos, algo, enfim, que aconteceu uma vez para nunca mais se repetir. Não importa que identifiquemos esses sentimentos com nomes gerais; em outra alma, não serão mais os mesmos. Eles são *individualizados*. Por isso, sobretudo, pertencem à arte, pois as generalidades, os símbolos, os próprios tipos, se quisermos, são a moeda corrente de nossa percepção cotidiana. Mas se é assim, como se explica o mal-entendido a esse respeito?

Explica-se porque confundimos duas coisas bem diferentes: a generalidade dos objetos e a dos juízos que estabelecemos sobre eles. Do fato de um sentimento ser geralmente reconhecido como verdadeiro, não se segue que ele seja um sentimento geral. Nada mais singular do que a personagem de Hamlet. Se em certos aspectos ele se parece com outros homens, não é por isto que ele mais nos interessa. Contudo ele é universalmente aceito, universalmente considerado como um ser vivo. É apenas nesse sentido que ele é de uma verdade universal. O mesmo se aplica aos outros produtos da arte. Cada um é singular, mas, se trouxer a marca do gênio, acabará sendo aceito por todos. Por que o aceitamos? E, se ele é único em seu gênero, sob que critério o reconhecemos como verdadeiro? Nós o reconhecemos, creio eu, pelo próprio esforço que ele nos leva a fazer sobre nós mesmos para, por nossa vez, vermos sinceramente. A sinceridade é comunicativa. O que o artista viu, sem dúvida jamais veremos, ao menos não do mesmo modo; mas se ele viu de verdade, o esforço que fez para se desfazer do véu se impõe a nossa imitação. Sua obra é um exemplo que nos serve de lição. E é justamente pela eficácia da lição que se mede a verdade da obra. A verdade carrega consigo, portanto, um poder de convicção, de conversão mesmo, que é a marca pela qual é reconhecida. Quanto maior for a obra, e mais profunda a verdade entrevista, mais se poderá esperar o efeito, mas, também, mais esse efeito tenderá a ser universal. A universalidade encontra-se aqui, portanto, no efeito produzido, e não na causa.

Completamente outro é o objeto da comédia. Aqui a generalidade está na própria obra. A comédia pinta os caráteres que encontramos e que ainda encontraremos em nosso caminho. Ela acentua as semelhanças. Visa a nos apresentar tipos. E chegará mesmo a criar tipos novos, se for necessário. Por isto, ela se distingue das demais artes.

O próprio título das grandes comédias já é significativo. *O misantropo, O avarento, O jogador, O distraído* etc. são nomes de gêneros; e, mesmo quando a comédia de caráter tem por título um nome próprio, este nome próprio rapidamente é arrastado, pelo peso de seu conteúdo, na corrente dos nomes comuns. Dizemos um "Tartufo", mas jamais diríamos uma "Fedra" ou um "Polieucto".

Acima de tudo, um poeta trágico jamais teria a ideia de agrupar, em torno de sua personagem principal, personagens secundárias que seriam, por assim dizer, suas cópias simplificadas. O herói da tragédia é uma individualidade única em seu gênero. Podemos imitá-lo, mas então passaremos, conscientemente ou não, do trágico ao cômico. Ninguém se parece com ele, porque ele não se parece com ninguém. Ao contrário, um admirável instinto leva o poeta cômico, quando compõe sua personagem principal, a fazer gravitar em torno dela outras personagens que apresentam os mesmos traços gerais. Muitas comédias têm por título um nome no plural ou um nome coletivo – *As sabichonas, As preciosas ridículas*,[75] *A sociedade onde a gente se aborrece*[76] –; numerosos encontros entre pessoas distintas que reproduzem um mesmo tipo fundamental. Seria interessante analisar essa tendência da comédia. Talvez descobríssemos ali, antes de tudo, o pressentimento de um fato observado pelos médicos, a saber, que os desequilibrados de um mesmo tipo são levados por uma atração secreta a procurar uns aos outros. Sem ser propriamente um doente, a personagem cômica é quase sempre um *distraído*, e desta distração até uma ruptura completa do equilíbrio a passagem pode se dar imperceptivelmente. Mas ainda há uma outra razão. Se o objetivo do poeta cômico é nos apresentar tipos, quer dizer, caráteres que podem se repetir, poderia fazer algo melhor do que nos apresentar vários exemplares de um mesmo tipo? O naturalista não procede de outra forma quando trata de uma espécie. Enumera e descreve suas principais variedades.

Tal diferença essencial entre a tragédia e a comédia, uma se atendo aos indivíduos e a outra aos gêneros, traduz-se ainda de um outro modo. Surge na elaboração inicial da obra. Manifesta-se, desde o início, por dois métodos de observação bastante diferentes.

Por mais paradoxal que essa afirmação possa parecer, não acreditamos que a observação dos outros homens seja necessária ao poeta trágico. Em primeiro lugar porque, de fato, sabemos que os grandes poetas levaram uma vida reservada, bastante burguesa, sem ter ocasião para ver desencadearem-se ao seu redor as paixões que fielmente descreveram. Mas, supondo-se que eles tivessem assistido a tal espetáculo, é de se perguntar se isto lhes teria servido para grande coisa. Com efeito, o que nos interessa, na obra do poeta, é a visão de certos estados de alma muito profundos ou de certos conflitos totalmente interiores. Ora, essa visão não pode se realizar do exterior. As almas não são penetráveis umas pelas outras. Exteriormente percebemos apenas alguns sinais da paixão. Só os interpretamos – alias, muito defeituosamente – por analogia com aquilo que nós mesmos experimentamos. O que experimentamos é, portanto, o essencial, e só podemos conhecer a

---

75. Molière, *Les précieuses ridicules*, 1660.
76. Pailleron, L. *Le monde où l'on s'ennuie*, 1881.

fundo nosso próprio coração – isto quando chegamos a conhecê-lo. Diríamos então que o poeta experimentou o que ele descreve, que passou pelas situações das personagens e que viveu sua vida interior? Nisso também a biografia dos poetas nos traria um desmentido. Como supor, de resto, que um mesmo homem tenha sido Macbeth, Otelo, Hamlet, rei Lear e tantos outros? Mas talvez seja necessário distinguir aqui entre a personalidade que *temos* e aquelas que *poderíamos ter*. Nosso caráter é o efeito de uma escolha que se faz incessantemente. Há pontos de bifurcação (em aparência, ao menos) ao longo de nossa jornada, e percebemos várias direções possíveis, ainda que possamos seguir uma só. Voltar sobre seus próprios passos, seguir até o fim as direções entrevistas, nisso, justamente, parece consistir a imaginação poética. Compreendo perfeitamente que Shakespeare não foi nem Macbeth, nem Hamlet, nem Otelo, mas ele teria sido estas diversas personagens se, tanto as circunstâncias quanto o consentimento de sua vontade tivessem levado ao estado de irrupção violenta o que nele foi apenas impulso interior. Engana-se tremendamente quem acredita que a imaginação poética compõe seus heróis com partes recolhidas a esmo, aqui e ali, como quem vai costurar uma fantasia de Arlequim. Nada de vivo sairia daí. A vida não pode ser recomposta. Ela se mostra de modo simples. A imaginação poética só pode ser uma visão mais completa da realidade. Se as personagens que um poeta cria nos dão a impressão de terem vida, é porque elas são o próprio poeta, o poeta multiplicado, o poeta aprofundando-se a si mesmo por um esforço de observação interior tão poderoso que o faz apreender o virtual no real, e retomar o que a natureza nele deixou em estado de esboço ou de simples projeto para disto fazer uma obra completa.

Completamente diferente é o gênero de observação do qual nasce a comédia. Trata-se de uma observação exterior. Por mais curiosidade que o poeta cômico possa ter sobre os ridículos da natureza humana, penso que ele nunca irá tão longe a ponto de procurar os seus próprios ridículos. De resto, não conseguiria encontrá-los. Somos ridículos apenas pelas facetas de nossa pessoa que se furtam a nossa consciência. Sendo assim, é sobre os outros homens que esse tipo de observação se exercerá. Mas, justamente por isso, essa observação assumirá uma generalidade que não pode ter quando a fazemos recair sobre nós mesmos. Pois, ao se instalar na superfície, só atingirá a camada exterior das pessoas, por onde várias dentre elas se tocam e tornam-se capazes de se parecerem. Não irá mais longe. E, mesmo que pudesse, não o desejaria, porque não teria nada a ganhar com isso.

Penetrar muito na personalidade, relacionar o efeito exterior a causas muito íntimas, seria comprometer e, finalmente, sacrificar o que o efeito teria de risível. É preciso, para que tenhamos vontade de rir, que localizemos a causa em uma região média da alma. É preciso, consequentemente, que o efeito nos apareça apenas como médio, como expressando uma média de humanidade. E, como tudo que é médio, isto se obtém por aproximações de dados esparsos, pela comparação entre casos análogos dos quais se retira a quintessência, enfim, por um trabalho de abstração e de generalização semelhante àquele que o físico opera sobre os fatos para, deles, extrair leis. Em suma, o método e o objeto são, aqui, de mesma natureza daqueles das ciências indutivas, no sentido em que a observação é exterior e o resultado generalizável.

Voltamos assim, depois de um longo desvio, à dupla conclusão depreendida ao longo de nosso estudo. De um lado, uma pessoa só é ridícula por uma disposição que se assemelha a uma distração, por algo que vive nela, sem se organizar com ela, como um parasita. Razão pela qual tal disposição é observável do exterior e pode ser corrigida. Mas, de outro lado, uma vez que o objetivo do riso é a própria correção, é útil que tal correção atinja no mesmo golpe o maior número de pessoas possível. Eis porque a observação cômica dirige-se instintivamente para o geral. Escolhe, entre as singularidades, aquelas singularidades, por assim dizer, comuns, suscetíveis de se reproduzirem e que, desse modo, não estão indissoluvelmente ligadas à individualidade da pessoa. Ao transportá-las para a cena, cria obras que, sem dúvida, pertencem à arte na medida em que não visam conscientemente senão a agradar; distinguem-se das outras obras de arte, no entanto, por seu caráter de generalidade, assim como pela intenção inconsciente de instruir. Tínhamos, portanto, todo direito de dizer que a comédia está entre a arte e a vida. Ela não é desinteressada como a arte pura. Ao organizar o riso, aceita a vida social como um meio natural; chega mesmo a seguir um dos impulsos da vida social. E, nesse ponto, dá as costas à arte, que é uma ruptura com a sociedade e um retorno à simples natureza.

II

Vejamos agora, segundo o que precede, o que deve ser feito para criar uma disposição de caráter idealmente cômica, cômica em si mesma, cômica em suas origens, cômica em todas as suas manifestações. Deverá ser profunda, para fornecer à comédia um alimento durável, e superficial, para permanecer no tom da comédia; invisível àquele que a possui, uma vez que a comedia é inconsciente, e visível ao resto do mundo, para que provoque um riso universal; plena de indulgência consigo mesma, para que se expanda sem escrúpulos, e incômoda para os outros, de modo que a reprimam sem piedade; corrigível de imediato, para que não tenha sido inútil rir, mas com a certeza de renascer em novos aspectos, para que o riso tenha sempre com o que trabalhar; inseparável da vida social, ainda que insuportável à sociedade; capaz, enfim, para poder assumir a maior variedade imaginável de formas, de se acrescentar a todos os vícios e, mesmo, a algumas virtudes. Eis os elementos a serem fundidos em um só todo. É verdade que o químico da alma ao qual se tiver confiado essa preparação delicada ficará um pouco desapontado quando chegar o momento de esvaziar sua retorta. Descobrirá que perdeu muito tempo para recompor uma mistura que já se encontra, pronta e gratuita, tão difundida na humanidade quanto o ar na natureza.

Esta mistura é a vaidade. Não creio que haja outro defeito mais superficial nem mais profundo. As feridas que lhe atingem nunca são muito sérias, mas são difíceis de cicatrizar. Os serviços que lhe são prestados são os mais fictícios de todos, no entanto, deixam atrás de si um reconhecimento duradouro. Quase que não se trata de um vício propriamente dito e, no entanto, todos os vícios gravitam em torno dela ao procurarem, refinando-se, tornarem-se meios para satisfazê-la. Nascida da vida social, uma vez que se trata de uma admiração de si fundada na admiração que se acredita inspirar nos outros, ela é ainda mais natural, mais universalmente inata do que o egoísmo, pois do egoísmo a natureza quase sempre triunfa, enquanto que é apenas pela reflexão que podemos superar a vaidade. Com efeito, não acredito que possamos nascer modestos, a menos que queiramos chamar de modéstia certa timidez totalmente física que, de resto, está mais próxima do orgulho do que se costuma pensar. A verdadeira modéstia só pode ser uma meditação sobre a vaidade. Nasce do espetáculo das ilusões do outro e do medo de nelas se perder a si mesmo. É como uma circunspecção científica sobre o que será dito e pensado de nós. É feita de correções e de retoques. Enfim, trata-se de uma virtude adquirida.

É difícil dizer em que momento preciso a preocupação em se tornar modesto se separa do medo de se tornar ridículo. É quase certo, no entanto, que este medo e este cuidado se confundem na origem. Um estudo completo das ilusões da vaidade e do ridículo que a ela se vincula traria uma nova luz à teoria do riso. Veríamos o riso realizar regularmente uma de suas principais funções, a de trazer à plena consciência de si os amores-próprios distraídos e, assim, obter a maior sociabilidade possível entre os caráteres. Veríamos de que modo a vaidade, que é um produto natural da vida social, incomoda, no entanto, a sociedade, assim como certos venenos leves secretados continuamente por nosso organismo o intoxicariam a longo prazo se outras secreções não neutralizassem seu efeito. O riso realiza sem cessar um trabalho desse tipo. Sendo assim, poderíamos dizer que o remédio específico para a vaidade é o riso, e que o defeito essencialmente risível é a vaidade.

Quando tratamos do cômico das formas e do movimento, mostramos como determinada imagem simples, risível por si mesma, pode se insinuar em outras imagens mais complexas e insuflar nelas algo de sua virtude cômica. É assim que formas mais elevadas do cômico podem por vezes explicar-se pelas mais baixas. Mas talvez a operação inversa se produza ainda mais frequentemente, e há elementos cômicos bastante grosseiros que se explicam pela decadência de um cômico mais sutil. É assim que a vaidade, esta forma superior do cômico, é um elemento que somos levados a procurar minuciosamente, ainda que de modo inconsciente, em todas as manifestações da atividade humana. Nós a procuramos, nem que seja para rir dela. E nossa imaginação quase sempre a coloca ali onde ela nada tem a fazer. Talvez devamos remeter a esta origem o cômico grosseiro de certos efeitos que os psicólogos explicaram insuficientemente pelo contraste. Um homem pequeno que se abaixa para passar por uma porta alta; duas pessoas, uma muito alta a outra minúscula, que andam sérias, de braços dados etc. Observando de perto esta última imagem, acredito que veremos a menor dessas duas pessoas fazendo um esforço para se alçar à altura da maior, assim como a rã que quer ser do tamanho de um boi.

III

Não é o caso de enumerar aqui as particularidades que se aliam à vaidade ou que com ela concorrem para se impor à imaginação do poeta cômico. Mostramos que todos os defeitos podem se tornar risíveis e, a rigor, até mesmo certas qualidades. Ainda que se pudesse fazer uma lista dos ridículos conhecidos, a comédia se encarregaria de ampliá-la; sem dúvida, não por criar ridículos puramente fantasiosos, mas por distinguir direções cômicas que haviam passado despercebidas até então. É assim que a imaginação pode isolar no desenho complicado de um só e mesmo tapete figuras sempre novas. A condição essencial, sabemos, é que a particularidade observada surja de pronto como uma espécie de moldura na qual muitas pessoas poderão se inserir.

Mas há quadros já prontos, constituídos pela própria sociedade, necessários à sociedade na medida em que ela é fundada na divisão do trabalho. Refiro-me às ocupações, funções e profissões. Toda profissão especial dá àqueles que a ela se dedicam exclusivamente certos hábitos de espírito e certas particularidades de caráter pelos quais se assemelham entre si e pelos quais, também, se distinguem dos outros. Desse modo, pequenas sociedades se formam no seio da grande. Resultam, com certeza, da própria organização social em geral, no entanto, caso se isolassem em demasia, poderiam colocar em risco a própria sociabilidade. Ora, o riso tem por função justamente reprimir as tendências separatistas. Seu papel é corrigir a rigidez em flexibilidade, readaptar cada um de nós aos demais, enfim, arredondar os ângulos. Nesse caso, estamos diante de uma espécie de cômico cujas variedades podem ser determinadas de antemão. Nós o chamaremos, se nos permitirem, o *cômico profissional*.

Não entraremos no detalhe dessas variedades. Preferimos insistir no que elas têm de comum. Na primeira linha encontra-se a vaidade profissional. Cada um dos professores de M. Jourdain coloca sua arte acima da dos outros. Há uma personagem de Labiche que não compreende que se possa ser outra coisa senão negociante de madeira.[77] É, naturalmente, um comerciante de madeira. Além disso, a vaidade tenderá a se tornar *solenidade* à medida que a profissão exercida passe a compreender uma maior dose de charlatanice. Pois trata-se de fato remarcável que, quanto mais questionável for uma arte, mais aqueles que se ocupam dela tendem a se acreditar investidos de um sacerdócio e a exigir que nos inclinemos ante seus mistérios. As profissões úteis são manifestamente feitas para o público; mas aquelas de utilidade mais duvidosa só podem justificar sua existência supondo que o público seja feito para elas. Ora, é justamente esta ilusão que se encontra no fundo da solenidade. O cômico dos médicos de Molière vem em grande parte daí. Tratam o doente como se tivesse sido criado para o médico, e a própria natureza como se dependesse da medicina.

---

77. Cf. E. Labiche, *La poudre aux yeux*, 1861. Ato III, cena 2.

Outra forma desse enrijecimento cômico é o que chamarei de embotamento profissional. A personagem cômica se inserirá tão estreitamente no quadro rígido de sua função que não terá mais espaço para se mover e, sobretudo, para se comover como os outros homens. Lembremos da fala do juiz Perrin Dandin a Isabelle, que lhe pergunta como é possível ver torturar os miseráveis:

"Ora! Sempre faz passar uma hora ou duas."[78]

Não deixa de ser um tipo de embotamento profissional aquele de Tartufo, que se exprime, é verdade, pela boca de Orgon:

"E eu verei morrer irmão, filhos, mãe, esposa,
sem dar a mínima para isso!"[79]

Mas o modo mais usual de imprimir comicidade a uma profissão é confiná-la, por assim dizer, no interior da linguagem que lhe é própria. Fazer com que o juiz, o médico, o soldado, apliquem às coisas comuns a linguagem do direito, da estratégia ou da medicina como se tivessem se tornado incapazes de falar como todo mundo. Quase sempre esse tipo de cômico é bastante grosseiro. Mas torna-se mais delicado, como dizíamos acima, quando revela uma particularidade do caráter ao mesmo tempo em que um hábito profissional. Lembremos do jogador de Regnard, exprimindo-se com tanta originalidade nos termos do jogo, dando a seu valete o nome de Hector, esperando que ele chame sua noiva de

"Pallas, o conhecido nome da Dama de Espadas."[80]

Ou ainda das *Sabichonas*, cujo cômico consiste, em boa parte, em transpor ideias de natureza científica nos termos da sensibilidade feminina: "Epicuro me agrada...", "Amo os turbilhões..." etc. Basta reler o terceiro ato para vermos Armanda, Filaminta e Belisa expressarem-se regularmente nesse estilo.

---

78. J. Racine, *Les plaideurs*, 1668. Ato III, cena 4.
79. Molière, *Le tartuffe*, Ato I, cena 5.
80. J-F. Regnard, *Le jouer*, 1696. Ato III, cena 4.

Indo um pouco mais longe nessa mesma direção, veremos que há também uma lógica profissional, quer dizer, modos de raciocinar que aprendemos em certos meios, que são verdadeiros para aquele meio, mas falsos para o resto do mundo. O contraste entre essas duas lógicas, uma particular e outra universal, engendra certos efeitos cômicos de uma natureza especial, sobre os quais não será inútil demorar-se mais longamente. Tocamos aqui um ponto importante da teoria do riso. Ampliemos então a questão e a abordemos em toda a sua generalidade.

IV

Preocupados que estávamos até aqui em depreender a causa profunda do cômico, tivemos de negligenciar uma de suas manifestações mais notáveis. Referimo-nos à logica própria à personagem cômica e ao grupo cômico, lógica estranha que, em certos casos, chega a dar lugar ao absurdo.

Théophile Gautier disse do cômico extravagante que é a lógica do absurdo. Muitas filosofias do riso gravitam em torno de uma ideia análoga. Todo efeito cômico, tomado por certo ângulo, implicaria contradição. O que nos faria rir seria o absurdo realizado em uma forma concreta, um "absurdo visível" – ou ainda uma aparência de absurdo inicialmente admitido e imediatamente corrigido – ou, ainda melhor, o que é absurdo de um lado e naturalmente explicável de outro etc. Certamente todas essas teorias têm sua parcela de verdade, entretanto, aplicam-se apenas a determinados efeitos cômicos bastante grosseiros e, mesmo nesses casos em que se aplicam, parecem negligenciar o elemento característico do risível, quer dizer, o *gênero todo particular* do absurdo que o cômico contém quando contém o absurdo. Para se convencer disso basta escolher uma dessas definições e compor os efeitos segundo a fórmula. Na maior parte das vezes não se obterá um efeito risível. O absurdo, quando o encontramos no cômico, não é de um absurdo qualquer. Trata-se de um tipo de absurdo. Não cria o cômico, mas antes deriva dele. Não é causa, mas efeito – efeito bastante especial, no qual se reflete a natureza especial da causa que o produziu. Nós conhecemos essa causa. Não teremos nenhuma dificuldade, portanto, em compreender o efeito.

Suponhamos que um belo dia, passeando pelo campo, você aviste no topo de uma colina algo que se parece vagamente com um grande corpo imóvel com braços giratórios. Você ainda não sabe muito bem do que se trata, mas procura entre suas ideias, quer dizer, entre as lembranças de que sua memória dispõe, aquela que melhor se encaixará naquilo que você percebe. Quase imediatamente, a imagem de um moinho de vento lhe vem ao espírito: é um moinho de vento o que você tem diante de si. Pouco importa que, antes de sair, você tenha lido contos de fadas com histórias de gigantes com braços intermináveis. Concordo que o bom senso consiste em saber lembrar, mas também, e sobretudo, em saber esquecer. O bom senso é um esforço do espírito que se adapta e se readapta incessantemente, mudando de ideia quando o objeto muda. Trata-se de uma mobilidade da inteligência que se regra exatamente pela mobilidade das coisas. Trata-se da continuidade movente de nossa atenção à vida.

Tomemos, agora, Dom Quixote que parte para a guerra. Ele leu em seus romances que o cavaleiro encontra gigantes inimigos em seu caminho. Portanto, ele precisa de um gigante. A ideia de gigante é uma lembrança privilegiada que se instalou em seu espírito, que está ali escondida, que espreita imóvel a ocasião para se precipitar para fora e se incarnar em alguma coisa. Essa lembrança *quer* se materializar e, por isso, o primeiro objeto que aparecer, mesmo que apresente uma semelhança muito longínqua com a forma de um gigante, receberá dessa lembrança a forma de um gigante. Dom Quixote verá gigantes onde vemos moinhos de vento. Isto é cômico, isto é absurdo. Mas trata-se de um absurdo qualquer?

Trata-se de uma inversão bastante especial do senso comum. Consiste na pretensão de modelar as coisas sobre uma ideia nossa, e não as ideias sobre as coisas. Consiste em ver diante de nós aquilo em que estamos pensando, no lugar de pensar sobre o que vemos. O bom senso quer que deixemos todas as nossas lembranças alinhadas; neste caso, a lembrança adequada responderá, na sua vez, ao chamado da situação presente e só servirá para interpretá-la. Para Dom Quixote, ao contrário, há um grupo de lembranças que comanda as demais e que domina a própria personagem. Agora, é a realidade que deverá se curvar diante da imaginação e servir apenas para lhe dar corpo. De resto, uma vez a ilusão formada, Dom Quixote a desenvolve razoavelmente em todas as suas consequências; movendo-se com a segurança e a precisão do sonâmbulo que vive seu sonho. Tal é a origem do erro, e tal a lógica especial que neste caso preside o absurdo. Mas esta lógica é particular a Dom Quixote?

Vimos que a personagem cômica peca por obstinação de espírito ou de caráter, por distração, por automatismo. Há no fundo do cômico uma rigidez de um certo tipo, que faz com que sigamos em linha reta, que não escutemos, que não queiramos nada entender. Quantas cenas cômicas no teatro de Molière se ligam a esse tipo simples: uma personagem que segue sua ideia, que a ela retorna sempre, enquanto está sendo constantemente interrompida! A passagem se fará então insensivelmente, entre aquele que nada quer entender para aquele que não quer ver nada e, enfim, para aquele que só vê o que quer. O espírito que se obstina acabará por infletir as coisas no sentido de sua ideia, ao invés de regrar seu pensamento pelas coisas. Sendo assim, todo personagem cômico está sob o véu da ilusão que acabamos de descrever, e Dom Quixote nos fornece o tipo geral do absurdo cômico.

Tal inversão do senso comum tem um nome? Sem dúvida nós a encontramos, aguda ou crônica, em certos tipos de loucura. Assemelha-se por muitos aspectos à ideia fixa. Mas nem a loucura em geral nem a ideia fixa nos farão rir, por se tratarem de doenças. Elas suscitam a nossa piedade. O riso, como sabemos, é incompatível com a emoção. Se existe uma loucura risível, só pode ser uma loucura conciliável com a saúde geral do espírito, uma loucura normal, poderíamos dizer. Ora, existe um estado normal do espírito que imita em todos os seus aspectos a loucura, no qual encontramos as mesmas associações de ideia da alienação, a mesma lógica singular da ideia fixa. É o estado de sonho. Ou bem, portanto, nossa análise é inexata, ou ela deve se deixar formular no seguinte teorema: *O absurdo cômico é de mesma natureza que aquele dos sonhos.*

De início, a marcha da inteligência, no sonho, é exatamente aquela que acabamos de descrever. O espírito, apaixonado por si mesmo, busca no mundo exterior apenas um pretexto para materializar suas imaginações. Sons ainda chegam confusamente aos ouvidos, cores ainda circulam no campo da visão; em resumo, os sentidos ainda não estão completamente fechados. Mas o sonhador, ao invés de chamar todas as suas lembranças para interpretar o que seus sentidos percebem, serve-se, ao contrário, daquilo que percebe para dar corpo à lembrança preferida. Sendo assim, o mesmo barulho do vento soprando pela chaminé se tornará, conforme o estado de alma do sonhador, segundo a ideia que ocupa sua imaginação, uivo de animais selvagens ou canto melodioso. Eis o mecanismo comum da ilusão do sonho.

Mas se a ilusão cômica é uma ilusão de sonho, se a lógica do cômico é a lógica dos sonhos, podemos esperar encontrar na lógica do risível várias particularidades da lógica do sonho. Aqui também vai se verificar a lei que conhecemos bem: dada uma forma de risível, outras formas, que não contêm o mesmo fundo cômico, se tornarão risíveis por sua semelhança exterior com a primeira. Com efeito, é fácil perceber que qualquer *jogo de ideias* pode nos divertir, desde que nos lembre, de forma mais ou menos aproximada, o jogo do sonho.

Notemos, em primeiro lugar, um certo relaxamento geral das regras do raciocínio. Os raciocínios dos quais rimos são aqueles que sabemos que são falsos, mas que poderíamos tomar por verdadeiros se os encontrássemos em um sonho. Eles imitam um raciocínio verdadeiro na medida exata capaz de enganar um espírito adormecido. Se quisermos, trata-se ainda de uma lógica, mas de uma lógica fora de tom e que, por isso mesmo, nos descansa do trabalho intelectual. Muitos dos "chistes" são raciocínios desse gênero, raciocínios abreviados dos quais nos damos apenas o ponto de partida e a conclusão. Aliás, esses jogos de espírito evoluem para os jogos de palavras à medida que as relações estabelecidas entre as ideias se tornam mais superficiais. Aos poucos acabamos por não nos darmos mais conta do sentido das palavras, mas apenas de seu som. Não podemos, assim, aproximar do sonho certas cenas cômicas nas quais uma personagem repete sistematicamente, e sem qualquer sentido, frases que outra lhe sopra ao ouvido? Se você adormece entre pessoas que estão conversando, poderá parecer-lhe que suas palavras pouco a pouco se esvaziam de seu sentido, que os sons se deformam e se fundem uns nos outros aleatoriamente para assumir, em seu espírito, significações bizarras e que, deste modo, você reproduz, em relação à pessoa que fala, a cena do Petit-Jean e o Soprador. [81]

Há, ainda, as *obsessões cômicas*, que aparentemente se aproximam muito das obsessões do sonho. A quem nunca aconteceu ver a mesma imagem reaparecer em vários sonhos sucessivos e tomar em cada um deles uma significação plausível, ainda que tais sonhos tenham apenas isso em comum? No teatro e no romance, os efeitos de repetição por vezes apresentam-se sob essa forma especial: alguns deles têm ressonâncias de sonho. Talvez possamos dizer o mesmo do refrão de algumas canções: persiste e retorna ao final de cada verso, sempre o mesmo e cada vez com um sentido diferente.

---

81. Cf. J. Racine, *Les plaideurs*, Ato III, cena 3.

Não é raro observar no sonho um tipo de *crescendo* específico, uma bizarrice que se acentua à medida que avançamos. Uma pequena concessão arrancada à razão engata uma segunda, esta uma outra mais grave e assim por diante até o absurdo final. Mas essa marcha para o absurdo dá ao sonhador uma sensação singular. Creio que seja aquela experimentada pelo sujeito que, ao beber, sente-se deslizar agradavelmente para um estado em que nada mais conta, nem a lógica nem as conveniências. Vejamos então se algumas comédias de Molière não causariam a mesma sensação. Por exemplo, *M. de Pourceaugnac*, que começa de modo quase comedido e desenvolve-se por meio de excentricidades de todo tipo; por exemplo, ainda, *O burguês fidalgo*, no qual as personagens, à medida que se avança, parecem se deixar levar por um turbilhão de loucuras. "Se houver alguém mais louco, vou até Roma contar". Essa fala, que nos adverte de que a peça acabou, nos faz sair do sonho cada vez mais extravagante no qual afundamos juntamente com M. Jourdain.

Mas há uma demência que é, sobretudo, própria ao sonho. Há certas contradições especiais, tão naturais à imaginação do sonhador, tão chocantes à razão do homem acordado, que será impossível apresentar uma ideia exata e completa sobre elas a quem nunca as tiver experimentado. Aludimos, aqui, à estranha fusão que o sonho frequentemente opera entre personagens que são uma e a mesma, ainda que permaneçam distintas. É comum que uma das personagens seja a própria pessoa que dorme. Ela sente que não deixou de ser o que é; que não se transformou em um outro. É ela e não é ela. Ela se escuta falando, se vê agindo, mas sente que alguém tomou emprestado seu corpo e sua voz. Ou, então, ela terá consciência de falar e agir como de costume; no entanto, falará de si como de um estranho com quem não tem nada em comum; estará desligada de si mesma. Não encontraríamos essa estranha confusão em certas cenas cômicas? Não me refiro ao *Anfitrião*, no qual uma confusão é, sem dúvida, sugerida ao espírito do espectador, mas no qual a maior parte do efeito cômico se deve sobretudo ao que chamamos acima de uma "interferência entre séries". Refiro-me aos raciocínios extravagantes e cômicos nos quais essa confusão se encontra em estado verdadeiramente puro, ainda que seja preciso um esforço de reflexão para depreendê-la. Tomemos, por exemplo, essas respostas de Mark Twain ao repórter que vem entrevistá-lo: "Você tem um irmão? – Sim; nós o chamamos de Bill. Pobre Bill! – Ele morreu? – Isto é o que nunca pudemos saber. Um grande mistério paira sobre esse acontecimento. Éramos gêmeos, o defunto e eu, e, com 15 dias, fomos lavados na mesma tina. Um de nós se afogou, mas nunca soubemos qual. Uns acham que foi Bill, outros que fui eu. – Estranho. E você, o que você pensa sobre isso? – Ouça, vou te confiar um segredo que nunca revelei a nenhuma alma viva. Um de nós levava um sinal particular, uma grande pinta nas costas da mão esquerda; e, este, era eu. Ora, foi esta criança que se afogou... etc." Olhando de perto, notamos que o absurdo desse diálogo não é um absurdo qualquer. Ele desapareceria se a personagem que fala não fosse justamente um dos gêmeos do qual ela fala. Ele se deve ao fato de Mark Twain declarar ser um dos gêmeos, ao mesmo tempo em que se expressa como se fosse uma terceira pessoa que conta a história deles. Não precedemos de outra forma, em muitos de nossos sonhos.

V

Encarado deste último ponto de vista, o cômico nos aparece sob uma forma algo diferente daquela que lhe havíamos dado. Até aqui tínhamos visto no riso, sobretudo, um meio de correção. Considere a continuidade dos efeitos cômicos e isole, aqui e ali, os tipos dominantes: descobrirá que os efeitos intermediários emprestam sua virtude cômica da semelhança com esses tipos, e que, os próprios tipos são modelos de impertinência em relação à sociedade. A essas impertinências a sociedade replica com o riso, que é uma impertinência ainda mais forte. Sendo assim, o riso não é nada benevolente. Quase sempre responde ao mal com o mal.

Entretanto, não é isso que aparece à primeira vista na impressão do risível. A personagem cômica é, quase sempre, uma personagem com a qual começamos por simpatizar materialmente. Ouso dizer que nos colocamos, por um curto intervalo de tempo, no seu lugar, que adotamos seus gestos, suas palavras, seus atos e que, se nos divertimos com o que há nele de risível, o convidamos, em imaginação, a se rir disto conosco. Nós o tratamos, de início, como um camarada. Há, portanto, no ridente, ao menos uma aparência de bonomia, de jovialidade amável, que deveríamos considerar. Há, sobretudo, no riso, um movimento frequentemente observado de relaxamento, cuja razão devemos procurar. Em nenhum outro lugar esta razão está mais aparente do que em nossos últimos exemplos. É neles também, de resto, que encontraremos sua explicação.

Quando a personagem cômica segue sua ideia automaticamente, acaba por pensar, falar, agir como se sonhasse. Ora, o sonho é uma distensão.

Permanecer em contato com as coisas e com os homens, ver apenas o que existe e pensar apenas naquilo que importa exige um esforço ininterrupto de tensão intelectual. O bom senso é este esforço mesmo. É trabalho. Mas desligar-se das coisas, e ainda continuar percebendo imagens, romper com a lógica, e continuar a conectar ideias, eis o que é simples jogo ou, se quisermos, indolência. Inicialmente, portanto, o absurdo cômico nos dá a impressão de um jogo de ideias. Nosso primeiro movimento é o de nos associarmos a esse jogo. E isto repousa da fatiga de pensar.

Mas o mesmo se poderia afirmar das outras formas de cômico. Como dizíamos, sempre há, no fundo do cômico, a tendência para se deixar deslizar ao longo de uma inclinação fácil, que quase sempre é aquela própria ao hábito. Não buscamos mais nos adaptar e nos readaptar incessantemente à sociedade da qual somos membro. Relaxamos a atenção que deveríamos manter em relação à vida. Parecemos, mais ou menos, com um distraído. Distração da vontade, concordo, tanto ou mais que da inteligência. No entanto, ainda distração e, por conseguinte, indolência. Rompemos com as conveniências assim como com a lógica. Enfim, assumimos o ar de alguém que joga. Aqui ainda, nosso primeiro movimento é aceitar o convite à preguiça. Durante um instante ou menos, nos tornamos um jogo. Isto repousa da fadiga de viver.

Mas só repousamos por um instante. A simpatia que pode fazer parte da impressão do cômico é uma simpatia bastante fugidia. Também ela vem de uma distração. É assim que, por vezes, por esquecimento, um pai severo se associa à brincadeira de seu filho e imediatamente se detém para corrigi-la.

O riso é, antes de tudo, uma correção. Feito para humilhar, deve dar à pessoa que é seu objeto uma impressão dolorosa. Por ele a sociedade se vinga das liberdades que tomamos. Não atingiria seu objetivo se carregasse a marca da simpatia e da bondade.

Diremos que ao menos a intenção pode ser boa, que quase sempre castigamos porque amamos e que o riso, ao reprimir as manifestações exteriores de certos defeitos, nos convida assim, para o nosso próprio bem, a corrigir esses mesmos defeitos e a nos aprimorar interiormente?

Haveria muito a dizer sobre isso. É certo que, de um modo geral, o riso exerce uma função útil. Como, aliás, todas as nossas análises tendem a demonstrar. Mas disso não se segue que o riso sempre atinja de modo justo, nem que ele se inspire em um pensamento de benevolência ou mesmo de equidade.

Para atingir de modo sempre justo, seria preciso que ele procedesse de um ato de reflexão. Ora, o riso é simplesmente o efeito de um mecanismo montado em nós pela natureza ou, o que significa quase o mesmo, por um velho hábito da vida social. Dispara automaticamente, devolvendo a agressão na mesma moeda. Não se dá ao prazer de olhar o que toca. O riso castiga defeitos assim como a doença castiga os excessos, atingindo os inocentes, poupando os culpados, visando a um resultado geral e não podendo dar a cada caso individual a honra de examiná-lo separadamente. É assim que acontece com tudo o que se realiza naturalmente, tudo o que não se faz por reflexão consciente. Uma média de justiça poderá aparecer nos resultados de conjunto, mas não no detalhe dos casos particulares.

Sendo assim, o riso não pode ser absolutamente justo. Repetimos que tampouco ele deve ser bom. Ele tem por função intimidar ao humilhar. Não teria sucesso se, para tanto, a natureza não tivesse deixado, entre os melhores homens, um pequeno fundo de maldade ou, ao menos, de malícia. Talvez fosse melhor que não aprofundássemos muito esse ponto. Não encontraríamos aí nada de muito lisonjeiro. Veríamos que o movimento de relaxamento ou de expansão é apenas um prelúdio do riso, que o ridente imediatamente volta-se para si mesmo, afirma-se a si mesmo mais ou menos orgulhosamente e que tenderá a considerar a pessoa do outro como uma marionete cujos cordões manipula. Rapidamente poderíamos encontrar nessa presunção um pouco de egoísmo e, por trás desse egoísmo, algo de menos espontâneo e de mais amargo, não se sabe que pessimismo nascente que se afirma cada vez mais à medida que o ridente raciocina mais sobre o riso.

Aqui, como de resto, a natureza utilizou o mal com vistas ao bem. É com o bem, sobretudo, que nos preocupamos nesse estudo. Quer nos parecer que a sociedade, na medida em que se aperfeiçoou, obteve de seus membros uma flexibilidade de adaptação cada vez maior, que tendeu a se equilibrar cada vez mais em profundidade, que buscou cada vez mais, na superfície, as perturbações inseparáveis de uma tão grande massa, e que o riso realizou uma função útil ao sublinhar a forma dessas ondulações.

É assim que as ondas se batem sem trégua na superfície do mar, enquanto que nas camadas mais inferiores se observa uma paz profunda. As ondas se entrechocam, se opõem, buscam o equilíbrio. Uma espuma branca, leve e alegre, persegue seus contornos mutáveis. Por vezes, a vaga que foge abandona um pouco dessa espuma sobre a areia da praia. A criança que brinca nas proximidades acaba por pegar um punhado dela para, no instante seguinte, espantar-se por só ter na concha das mãos algumas gotas de água, mas uma água muito mais salgada, ainda muito mais amarga do que a da onda que a trouxe. O riso nasce como essa espuma. Mostra, no exterior da vida social, as revoltas superficiais. Desenha instantaneamente a forma móvel desses abalos. Também ele é uma espuma salgada. Assim como a espuma, borbulha. É alegria. De qualquer modo, o filósofo que resolver experimentá-lo, nele poderá encontrar certa dose de amargura em pequena quantidade de matéria.

APÊNDICE À 23ª EDIÇÃO (1924)

SOBRE A DEFINIÇÃO DO CÔMICO
E SOBRE O MÉTODO A SEGUIR NESTE LIVRO

Em um interessante artigo da *Revue du mois*,[82] M. Yvez Delage opôs a nossa concepção do cômico à sua própria definição: "Para que uma coisa seja cômica, dizia, é preciso que entre o efeito e a coisa haja desarmonia." Como o método que levou M. Delage a essa definição é aquele que a maior parte dos teóricos do cômico seguem, não será inútil mostrar em que o nosso dele difere. Reproduziremos, nesse sentido, o essencial da resposta que publicamos na mesma revista:[83]

"Podemos definir o cômico por uma ou várias características gerais, exteriormente visíveis, que tivermos encontrado nos efeitos cômicos recolhidos indiscriminadamente. Um certo número de definições deste tipo foi proposto desde Aristóteles; a sua me parece ter sido obtida por este método: traçastes um círculo e mostrastes que os efeitos cômicos, tomados ao azar, nele se incluem. No momento em que as características em questão tiverem sido notadas por um observador perspicaz, elas pertencem, sem dúvida, ao que é cômico; mas acredito que quase sempre também as encontramos naquilo que não o é. Geralmente, a definição será muito ampla. Satisfará – o que, concedo, já é alguma coisa – a uma das exigências da lógica em matéria de definição: terá indicado alguma condição *necessária*. Não creio que possa, tendo em vista o método adotado, dar a condição *suficiente*. A prova disto reside em que várias dessas definições são igualmente aceitáveis, ainda que não digam a mesma coisa. E a prova se dá, sobretudo, em que nenhuma delas, que eu saiba, fornece o modo de construir o objeto definido, fabricar o cômico.[84]

---

82. *Revue du mois*, 10 ago. 1919; t. xx, p. 337ss.

83. *Ibid.*, 10 nov. 1919; xx, p. 514ss.

84. Além disso, mostramos brevemente, em várias passagens de nosso livro, a insuficiência de algumas dentre elas.

"Tentei algo totalmente diferente. Busquei na comédia, na farsa, na arte do palhaço etc., os procedimentos de fabricação do cômico. Acredito ter encontrado neles inúmeras variações de um tema mais geral. Especifiquei qual era o tema, para simplificar; mas são sobretudo as variações que importam. De qualquer modo, o tema fornece uma definição geral, que se trata, desta vez, de uma regra de construção. Reconheço, no entanto, que a definição assim obtida corre o risco de parecer, à primeira vista, muito estreita, assim como as definições obtidas pelo outro método eram muito amplas. Ela parecerá muito estreita porque ao lado da coisa que é risível por essência e por ela mesma, risível em virtude de sua estrutura interna, há uma porção de coisas que fazem rir em virtude de alguma semelhança superficial com aquela, ou de alguma relação acidental com uma outra que se assemelha àquela, e assim em diante; a repercussão do cômico não tem fim, porque gostamos de rir e todos os pretextos nos parecem bons; o mecanismo de associação de ideias possui nesse caso uma complexidade extrema; de modo que o psicólogo que tiver abordado o estudo do cômico com esse método, e que tiver que lutar contra as dificuldades incessantemente renascentes em lugar de ficar em paz com o cômico encerrando-o em uma fórmula, sempre correrá o risco de ouvir dizerem que ele não deu conta de todos os fatos. Quando tiver aplicado sua teoria aos exemplos que se lhe opõem, e provado que eles são cômicos por semelhança com o que era cômico em si mesmo, encontrarão outros, e outros ainda; ele não terá descanso. Em contrapartida, terá abraçado o cômico, ao invés de tê-lo incluído em um círculo mais ou menos amplo. Terá, se tiver êxito, fornecido seu modo de fabricação. Terá procedido com o rigor e a precisão do cientista, que não acredita ter avançado no conhecimento de algo apenas por ter dado a ele este ou aquele epíteto (e é sempre possível encontrar muitos que convém): é de análise que se precisa, e estamos seguros de ter analisado perfeitamente quando somos capazes de recompor. Tal é o empreendimento ao qual me dediquei.

"Acrescento que ao mesmo tempo em que quis determinar os procedimentos de fabricação do risível, busquei qual era a intenção da sociedade quando ela ri. Pois é bastante impressionante o fato de rirmos, e o método de explicação do qual falava acima não esclarece esse mistério. Não entendo, por exemplo, porque a 'desarmonia', enquanto desarmonia, provocaria da parte de testemunhas uma manifestação específica como a do riso, enquanto que outras propriedades, qualidades ou defeitos deixam impassíveis os músculos do rosto do espectador. Resta, portanto, procurar qual a causa especial da desarmonia que fornece o efeito cômico; e não o teremos realmente encontrado se não pudermos explicar por ele porque, em tais casos, a sociedade se sente instada a se manifestar. É preciso que haja na causa do cômico algo de atentatório (e de especificamente atentatório) à vida social, uma vez que a sociedade a isto responde por um gesto que tem todo o aspecto de uma reação defensiva, por um gesto que causa certo medo. Foi a tudo isto que quis dar uma explicação."

Este livro foi impresso pela Gráfica Paym
em fonte Minion Pro sobre papel Book Creamy 70 g/m²
para a Edipro.